Speed Success

加速成功

願望を短期間で達成する魔術

ミリオネアコンサルタント
道幸武久
Doko Takehisa

サンマーク出版

プロローグ

成功には近道がある

その日の朝。

私は自宅で運転手さんに迎えられ、一点の曇りもなく磨き上げられた黒塗りのプレジデントに乗り込みました。

車が向かったのは、一日五十万円という高額なコンサルタント料を喜んで了承してくれたクライアント先のオフィスです。

途中、ふと窓の外を見ると、山手線の電車が大勢のサラリーマンを詰め込んで走っていました。

毎朝繰り返されている、ありふれた日常の風景です。

その風景を見たとき、私の胸に万感の思いが去来しました。

なぜなら、わずか一年半前まで、私は山手線のラッシュにもみくちゃにされながら毎日通勤する、ごく普通のサラリーマンだったからです。

私は運転手さんに車を路肩に止めてもらい、しばらくの間、電車の行き交う山手線を眺めつづけました。

そして、自分自身に問いかけました。

「あの電車から抜け出すことができたのはどうしてだろう?」

じつはそのときの私には、答えがわかっていました。

こんにちは。

道幸武久《どうこうたけひさ》です。

私は現在三十一歳、八年前はごく普通の大学生でした。大学卒業後、証券会社に入社し、二回の転職を経て二年半前に脱サラ。**独立後わずか十八か月で年収が九倍になり、**現在は三社のオーナーとして充実した日々を送っています。もちろん収入は今も順調に増えつづけています。

そんな私をあなたは「ラッキー」だと思いますか?

もし私があなたよりラッキーだとすれば、「**方法を学びさえすれば、人は誰でも短期間で成功できる**」ということに、あなたよりも少し早く気づいたというだけのことです。

あなたは次のような言葉を聞いたことがありますか？

「人間は自分が考えているような人間になる」

これは人間の潜在能力の開発を研究したアール・ナイチンゲール博士の言葉です。

「思考は現実化する」

これは五百十一人の成功者を分析して成功の原理原則をまとめた、ナポレオン・ヒル博士の言葉です。

こうした言葉を聞いて、

「ああ、またその話か。紙に目標を書けば実現するっていうんだろうけど、紙に書いたぐらいで夢がかなうんなら、誰も苦労しないよ」

あるいは、

「やってみたけど、そんなの効果なかったよ」

そう思った人にこそ、本書を読んでいただきたいと思っています。

彼らが語った言葉は真実です。

事実、私は、こうした先人たちの言葉を信じて実践し、自らの人生で仮説と検証を繰り返すことによって今の場所までなんとか来ることができました。

ですから、本書も根底に流れる原理原則は先人たちが打ち立てた成功哲学と同じです。

でも、**原理原則を知るだけでかんたんに成功できるわけではない**のもまた事実です。


なぜでしょう？


原理原則とは、いってみればとても大まかなものだからです。

それはたとえるなら、「野生の象を見たいならアフリカに行きなさい」とアドバイスしているようなものです。

ウソではありませんが、これだけの情報で目的地にたどり着くのは大変です。

だから、私は「行ったことのある人に道順を聞こう」と考えました。なんでも経験者に聞くのがいちばんの近道です。

それもなるべく多くの人に聞くことにしました。いろいろな人に聞いたうえで、いちばん早い道を選べば、それだけ早く目的を達成することができるからです。

このように、成功への道のりは象を見にアフリカに行くのと同じです。

成功にも近道があるのです。

勉強の仕方、自分の得意分野の見つけ方、自分に合った目標の立て方、セルフイメージの高め方、素早く行動するコツ、成功の習慣を身につける方法、そして、それらを加速させる秘密。

成功の原理原則を具体的な方法に落とし込んだ、これらのノウハウを学ぶことで、成功は一気に加速するのです。

この「成功を加速させるノウハウ」をあなたにお伝えしたくて、私は本書を書くことにしました。

なぜなら**多くの人が、「成功するには時間がかかる」と思い込んでいる**ように思えてならないからです。

でも、それは勘違いです。願望を短期間で達成する魔術があるのです。

私はそれを「加速成功」と呼んでいます。

たとえば「目標を立てる」ことの大切さは、誰でも知っています。でも、ただ目標を立てるだけで成功できるかというと、決してそんなことはありません。

どのような手順で目標を立てればよいのか。
目標を達成するには何が効果的なのか。
目標を達成したあと、次に何をすればよいのか。

こうした具体的なノウハウがなくては、どんなにたくさん成功の原理や法則を知っていたところで、実地に応用するのは大変です。
たんなる知識ではない、実際に即効性のあるノウハウを駆使して、短期間で成功を収めること。それが「加速成功」です。

今、この本を読みはじめたあなたと同じように、私はそれが知りたくて、これまで多くの人に教えを乞《こ》い、膨大な量の書物を読みあさってきました。

ですから本当は、**近道を探しだした私よりも、すでに明確になった近道の記された地図を手にしたあなたのほうがラッキーなのかもしれません。**

本書は、私から読者であるあなたにあてた「加速成功」の世界への招待状です。

しかもこの招待状には、親切に近道を記した地図がついているというわけです。

いかがですか？　あなたは私からの招待を受けてくれますか。

迷っているあなたのために、一つお約束をしましょう。

「加速成功」の方法をマスターしてくださった方には、もれなく「今の年収を三倍」に。

どうですか？　いいおみやげでしょう。


私は三十一歳という若輩者です。

「成功哲学」を語るにはまだ早いといわれるかもしれません。

でも若いからこそ、なぜ私がこれほど早く成功者の仲間入りができたのか、その「加速成功」の方法を紹介する価値があると思っています。

しかも、私の社会人としてのスタートは、初任給十七万八千円のサラリーマンというごく平凡なものです。

ましてや私は、ビル・ゲイツでもなければ、ジャック・ウェルチでもありません。まったく無名の、小さな会社のオーナーにすぎません。

そう、今のあなたから見て、十分に手の届く成功者の一人にすぎないのです。

でも、そんな私だからこそ、自信をもって「誰でも加速成功できる近道がある」と、お伝えできると思っています。

本書には、成功者になるための道順が、数多くの成功者が残してきた言葉と、それを検証してきた私自身の経験に沿ってわかりやすく記してあります。

あなたがもし、私の招待を受け、ここに記された道順に沿って歩んだなら、三～五年後にはあなたの年収は今の三倍になり、成功の喜びを実感することでしょう。

そう、あの日、プレジデントから降りて、山手線を見つめていたときの私のように……。

＊目次＊

加速成功

装丁＊渡辺弘之
編集協力＊板垣晴己
本文ＤＴＰ＊日本アートグラファ

第1章

とことん成功者をマネすることから始めろ！

サラリーマンでも金持ちになる道がある

「へぇー、金持ちにもいろいろなタイプがあるんだ」

これは社会人一年生の私が、最初の仕事で感じたことです。

私が大学卒業とともに就職したのは証券会社でした。

どこの証券会社でも新人営業マンに課せられる最初の仕事は決まっています。高額納税者を対象とした営業です。高額納税者の基準は、申告年収が三千万円以上。彼らの住所が記載されたリストを手に、各証券会社の新人営業マンは、株を買ってもらえるよう駆けずり回るのです。

私が就職先に証券会社を選んだのは、お金持ちになりたかったからでした。

大学時代、あるきっかけから私は本気で「成功したい」と思うようになり、就職する前からいろいろと自分の成功像をイメージしていました。

その中でもっとも魅力的に感じたのが、証券会社のトレーダーという職業だったのです。

当時の私は「成功＝お金」だと思っていました。

外資系証券会社のトレーダーは能力給なので、成功すれば莫大《ばくだい》な金額の収入が得られます。そのことを知った私は、将来の自分の成功像として「莫大な金額の報酬を受け取れる職業」であるトレーダーへの道を考えたのです。

一部上場の証券会社に入社し、まずその会社でトップセールスマンになり、その後トレーダーになり、才能が認められて外資系の証券会社に引き抜かれて大金持ちに……。

そんな夢を抱いて証券会社に入社した私のサラリーマン生活は、金持ちウォッチングから始まりました。

実際、営業で回ってみると、いろいろなお金持ちがいました。

医者、会社経営者、不動産オーナー、大企業の重役、飲食店のオーナー、中小企業の社長……。職業もじつにさまざまです。

ある上場している会社の役員は、「ついこの間まで部長で毎日十何時間も働いていたため家族ともめることも多かったけれど、やっと役員になれた」と語りました。

「自分で事業を興し、苦しい時期もあったけど、今はそれを乗り越えて事業を拡大させている」という人もいれば、「奥さんの実家が金持ちだったので、たまたま金持ちになった」という人もいました。なんの苦労もなく、親からの相続で莫大な富を得た人もいました。

その中で当時の私にとってよくわからなかったのが、金持ちには不動産オーナーが多いという事実でした。

ある不動産オーナーはいつ訪ねても、庭先で植木の手入れをしたり暇そうにしていたりするのですが、じつはかなりの高額所得者なのです。

それほど高齢でもないし、親の資産を受け継いだのかなと思って聞いてみると、違うと答えます。

「僕はもともとサラリーマンだよ。頭金を用意して不動産を買ったんだよ」というのですが、彼が所有している不動産は何億円もするものです。不動産ビジネスでお金を儲《もう》ける方法があるなど、当時の私には想像すらできません。サラリーマンであっても、わずかな頭金があれば、不動産オーナーになる道があるのだということを私が知ったのはこのときでした。

こうして数多くの成功者を観察することによって、私は「金持ちになる」にもさまざまな道があるのだということを初めて知ったのです。

一口に「金持ち」といっても、いろいろなタイプの金持ちがいて、収入源もさまざま。

どのようにして成功に至ったのか、そのプロセスも人それぞれでした。

こうして私は、お金持ちになるための数多くの選択肢をこの金持ちウォッチングで手に入れることになるのです。

百八十人の金持ちに体当たりしてわかったこと

当時の日本の高額納税者は、約一万九千人に一人。株を買ってもらうどころか、会ってもらうだけでも熾烈《しれつ》な競争です。私が担当したエリアは高級住宅地だったこともあり、百八十人の該当者がいましたが、それでも多くの新人がリストを抱えて悪戦苦闘をしては、途中であきらめて消えていきました。

私も会えない日が続きました。でも、あきらめようとは思いませんでした。

それは私自身が彼らにものすごく強い興味をもっていたからです。

なにしろ私の初任給は十七万八千円。彼らの年収は三千万円以上。「成功＝お金」と考えていた私にとって、彼らはまぎれもない成功者です。

めったに会うことのできない成功者に、仕事として堂々と会いにいけるのです。会うことができればいろいろと話も聞けます。成功者に聞きたいこと、成功者について知りたいことは山ほどありました。そうかんたんにはあきらめられません。

私は毎日、嬉々《きき》として営業に出かけました。

会ってもらえなくても、収穫はありました。

たとえば郵便ポスト。これを観察するだけでもいろいろなことがわかります。

知っていますか？

お金持ちの人はたいてい、複数の新聞を取っているのです。

三紙ぐらい取っているのはあたりまえでした。当時一紙しか新聞を取っていなかった私には、お金持ちがなぜ何紙も新聞を取るのか想像もつきません。

そこで自分に問いかけます。

新聞とは何か、なぜ新聞を買って読むのか、複数の新聞を読むメリットは……。

ある金持ちと話をしていたとき、ふと答えが浮かんできました。

――そうか、新聞というのは情報なんだ。お金持ちは情報に価値を見出して投資しているんだ……。

「なんだ、そんなことか」と思われるかもしれませんが、当時の私にとっては大発見でした。

また、玄関先で話をしているときに、ドアが開いていて室内がチラリと見えることがあります。失礼にならない程度に家の中をのぞくと、お金持ちの家には本がとても多いということがわかりました。壁一面におよそ千冊くらいの本がズラリと並んでいます。

そうした家で、「読書家でいらっしゃるんですね」というと、たいていの場合、「奥にはもっといっぱいあるんだよ」という返事が返ってきました。

こうして成功者はつねに勉強を怠らないということも知りました。

あきらめずに何度も何度も通っていると、相手は会ってくれるものです。

一年間、通いつづけてお客様になっていただけたのは四十人ぐらいでしたが、百八十人全員の方と一度は会って話すことができました。

これは私にとって、素晴らしい経験でした。

やはり直接会って、言葉を交わしてみて初めてわかることってあるのです。

たとえば、ある高額所得者の奥様（私たちは「ハイクラスミセス」と呼んでいましたが、今でいう「セレブ」ですね）にお会いしたときのことです。

「ごめんね。私の夫は証券会社の役員なの。頑張ってね。主人も飛び込み営業から始めたのよ」

奥様のこの一言で仕事はもう終わりなのですが、そういったときの雰囲気とか、お金に関する意識、豊かさのオーラなど、直接言葉を交わしてみなければわからないことが、この一瞬に学べるのです。

豊かさのオーラって、そんな抽象的な……、といわれるかもしれませんが、これは本当にあるのです。豊かな生活に裏打ちされた、言葉ではなんとも表現しにくいものなのですが、たしかに感じられるエネルギーのようなものをお金持ちと呼ばれる人たちは共通してもっています。

じつをいうと私は、このときの経験のおかげか、街ですれ違っただけでお金持ちを見分けることができます。たとえその人が高価な服を着ていなくても、牛丼屋で食事をしていても、お金持ちはちゃんと「金持ちオーラ」を放っているので、すぐにわかるのです。

私は仕事の話の途中に、「思いは実現する」とか、「成功した姿をイメージする」といったような、いわゆる成功哲学の本に書かれている話をぶつけてみました。彼らが本当に成功哲学でいわれているようなことを実践しているのかどうか、確かめてみたかったのです。

すると、「それは大切だ、おれもその本は読んだよ」という人もいれば、「そんな本を読んで役に立つの？」とまったく興味を示さない人もいました。

あたりまえのことかもしれませんが、成功者のすべてが成功哲学を勉強したから成功したというわけではないのです。それでも、ゼロからスタートして、頑張ってお金持ちになった人は、やはり成功哲学に通じる何かしらの「エッセンス」をもって生きているということだけはわかりました。

社員三十人以下のオーナー社長を目指せ！

金持ちウォッチングをしているなかで、私はある意外なことに気づきました。

それまで私は、大きな会社の社長のほうが、小さな会社の社長より、高い給料をもらっていると思っていたのです。

あなたも社員が数千人という会社の社長のほうが、社員十人の会社の社長よりお金持ちだという印象をもっていませんか？

……じつは違うのです。

いちばん儲かっているのは、従業員が三十人以下の会社のオーナー社長なのです。

なぜかというと、従業員が三十人以上になると、社長という立場がパブリックな存在となるため、高額な給与を取れなくなるからです。よくても年収三千万円、上場してしまうとさらに下がって二千八百万円ぐらいになってしまいます。三千万円ももらえればすごいと思われるかもしれませんが、実際は半分近くを税金や保険料で取られるので、手取りはもっと少なくなります。また、会社が銀行から融資を受ける際には個人保証を求められ、人生のリスクすべてを賭けた闘いになります。

もちろん大企業であっても、創業者であるオーナー社長は企業の成長とともに莫大な財産を築き上げます。会社の上場にこぎつけることができれば、従業員が三十人以下の会社のオーナー社長よりもはるかに大きな富を手に入れることができます。富豪や億万長者になった方々は、こうして莫大な富を築き上げてきました。だから、ここで私がいう大企業の社長とは、サラリーマン社長のことです。

従業員三十人以下の会社なら、社長の給料は自分で決められますし、税金を払い終わったあとに残った純利益を株主への配当として自分が受け取ることもできます。また、会社名義でゴルフ場の会員権を取得したり、保養施設として別荘を購入したりすることも、ある程度自由にできます。だから、従業員三十人以下の会社のオーナー社長のほうが、大企業のサラリーマン社長よりも実際にはお金持ちなのです。

正確にいえば、お金をもっているのは、従業員が五人以上三十人以下の会社の社長です。というのも、五人以下の会社は大きな事業展開ができず、あまり儲からないからです。

ここで、あなたに考えてほしいことがあります。

たとえば、日本を代表するような銀行や生保、メーカーの社長になるには、熾烈《しれつ》な出世競争に勝ち抜く必要があります。それがどれだけ大変で困難なことか、想像してみてください。

従業員三十人以下の会社の社長になるほうが、かんたんなように思いませんか。

しかも、そのほうがお金持ちになれるとしたら……。

私のかつてのお客様の中に、売り上げ二百億円の上場企業の副社長がいました。

彼はいつも忙しくて、なかなか会うことができません。朝は六時を過ぎると出かけてしまうし、夜は二時過ぎまで仕事をしているというのですから、いつ行っても会えないのです。それでも年収は三千万円。あまりにも忙しすぎて、仕事以外のことを考えるヒマがまったくないという状態でした。

たしかに三千万円という所得は高額です。でも、その人を見ていて、私は「うらやましい、おれもこうなりたい」とは思えなかったのです。

世間から成功者と見られている人たちが、本当に心から望んだかたちの成功を手にしているのか？

そんな疑問を感じたのです。これは、成功者になりたいと志していた私にとって、大きな発見でした。

サウナで見たトップ一%と下位二〇%の営業マン

自分にとっていちばん望ましい成功のかたちはどういうものか。

数多くの金持ちたちを観察し、さまざまな成功パターンを夢見ていた一方、現実の世界で私は大きなストレスを抱えて苦しんでいました。

どんなに頑張っても同期入社した約百人の新入社員の中でトップセールスが取れなかっ

たのです。

たかだか新入社員の中でトップセールスマンになれないようでは、トレーダーになって外資系に行くというその後のビジョンは、たんなる絵に描いたモチで終わってしまう。ですから、どうしても私はトップセールスマンになりたかったのです。

そんなとき私は一つの失敗をしでかしました。八万円もする六か月定期券をなくしてしまったのです。

なにしろ十七万八千円の給料です。とてもではありませんが、新しい定期券を買う余裕はありません。目の前が真っ暗になるほどのショックを受けました。

明日からどうやって会社に通えばいいのか……。

さんざん悩んだ末に、私は自宅から会社まで毎日歩いて通うことにしました。歩くと決めた以上、ただ歩くのではもったいないので、**毎朝、通勤路にあるオフィスやマンションの郵便受けに自分の名刺を入れながら歩くことにしました。**

片道二時間、往復四時間。精神的にも肉体的にも辛い失敗でした。

朝、二時間も歩いて会社に行くのですから、会社に着くころはヘトヘトです。

そこで、外回りで時間が自由になるのをいいことに、ある日、私はサウナで休憩を取ることにしたのです。

営業時間中のサウナ。行ってみると、そこには数人の先輩営業マンの顔がありました。それも成績は下から数えたほうが早い人ばかりです。

正直、「しまった」と思いました。

ここはトップセールスマンを目指す自分が来る場所じゃなかった。そう思って帰ろうとしたとき、離れたところにもう一人見覚えのある顔を見つけたのです。

それはつねにトップセールスを誇る先輩の顔でした。

「道幸《どうこう》、おまえ一年生のくせにサボってんのか」

「ダメだよ、上司にいうぞ」

成績の悪い先輩たちのヤジをすり抜けて、私はトップセールスマンの先輩に声をかけました。

「なぜサウナにいるんですか?」

先輩は答えずに、問い返しました。

「おまえこそ、何しにきているんだ?」

「すごく優秀な方がサウナにいると聞いたので来たんです」

彼がサウナに来ていることはそのときまで知らなかったのですから、これはウソです。

それでも私の顔を見てニヤッと笑った先輩は、ビールをおごってくれました。

そして、トップセールスマンの考え方を聞くチャンスを与えてくれたのです。

サウナにいたのは、営業成績のトップ一％と下位二〇％の人でした。残りの中間に位置する人は一人もいません。彼らは一生懸命にお客様のところを回っているのです。

これはとてもおもしろい現象だと思いました。

トップセールスマン直伝の時間管理術

営業時間中にサウナにいる。この事実は同じでも、下位とトップの間にはその違いを生み出す「何か」があるはずです。事実、売れない二〇％の人たちとトップセールスマンは、同じサウナにいても離れて座り、言葉も交わしませんでした。同じ空間にいても、違うことをしているのです。

私はトップセールスマンの先輩に、「なぜサウナにいるのに、トップの数字を上げられるのですか」とたずねてみました。すると、意外な答えが返ってきました。

彼は証券会社が休みである、土日に仕事をしていたのです。

あなたがもし大企業の役員や中小企業の社長で、証券会社の営業マンとゆっくり話をしたいと思ったらいつがいいですか？

会社が休みの土日ではないでしょうか。

だから彼は土日に働いたのです。そして、平日は会社にちょっとだけ顔を出して家に帰ったり、サウナで体を休めたりしていたのです。

もちろん会社から見ればルール違反ですから、会社にいわないでやる。これが大切です。

平日はどこへ行っても空いています。その平日を利用して奥さんとホテルでランチを食べて「ごめんね」といっておいて、土日は仕事をする。だから家庭も円満で、営業成績も伸びるという好循環になるのです。

でも多くの人は、平日は一日中営業して疲れはて、土日は混んだ行楽地で家族サービスをしてさらに疲れはてています。

トップセールスマンになる人は、ほかの人とはまったく違う発想をしている！

トップセールスマンと売れないセールスマンは時間の使い方がまるで違う！

これは駆け出しの営業マンだった私にとって、大きな発見でした。

一般的なサラリーマンは、会社が決めた「時間の使い方のルール」に縛られています。昼休みになったら食事に行き、昼休みが終わったら仕事に戻る。九時から五時までは会社の仕事をする。平日に休む場合は、あらかじめ休暇願いを提出して上司の許可を取らなければならない等々……。

でも、そのトップセールスマンの先輩は、あえてそうした時間のルールを無視して、時間を最大限有効に活用していたのです。

そのことを知って以来、私も営業時間中によくサウナに行くようになりました。

べつにサボるためではありません。

昼間、体を休めて朝と営業時間後に顧客を訪問するように時間の使い方を変えたのです。

どういうことかというと、みんなが一生懸命回っている時間は、お客様である経営者や奥様方にとっても忙しい時間だということです。

私はお客様のヒマな時間に営業に回ることにしました。

効果は絶大でした。

ほかの人たちは、一日中ノルマを気にしながら回ることになるので、どうしても悲壮感が漂ってしまいます。でも、私は相手が暇なときにゆっくり営業して、さらに昼間はサウナで体をリフレッシュさせていますから、夜遅くなっても明るく元気に営業ができるのです。

するとお客様のほうでも、「おまえ、頑張っているな」とか、奥様に「あなた、こんなに遅くなって疲れないの？　すごいわね」と好感をもってもらえるようになったのです。昼間はサウナで寝ているのですから、疲れるわけがないのですが、お客様は早朝と夜に会っているため、一日中頑張っていると思ってくれたのです。

よくよく考えてみると、たしかに成功哲学の本には「時間の使い方を工夫せよ」と書かれていて、私も「時間の使い方」の大切さは理解しているつもりでした。でも、それは**しょせん本を読んで知っていただけで、生きた知識にはなっていなかったのです。**

六十日間、名刺を入れつづけて成績アップ！

サウナで教わったトップセールスマンの秘訣《ひけつ》をもう一つ挙げましょう。

それは「人の力を借りる」ということです。先輩のトップセールスマンを見ていると、変ないい方かもしれませんが、思ったより働いていないのです。

それなのに、いつも営業成績がトップなのはなぜか。

それは、周囲の人が勝手にお客様を紹介してくれるからです。だから、最小限の時間で最大限の成果を上げることができるのです。

お客様を紹介してもらえるのはなぜでしょうか。

それは、つねに「お客様のため」を考えて行動しているからです。

トップセールスマンは、サウナで体を休めている間も、頭ではお客様にどうやったら喜んでもらえるか、と考えています。

もちろん仕事は株を売ることです。

でもお客様に対しては、そのことだけにとどまらず、このお客様を誰に紹介したら喜んでもらえるか、というように何かプラスアルファのサービスができないものかと考えているのです。

そしてよいアイデアが浮かんだら即、行動に移します。

それができるのは考えるゆとりがあるからなのですが、この「ゆとり」こそが成功をもたらすカギだったのです。

汗だくで営業に回って頑張っている人は、じつは自分のために頑張っています。人のことを考えているか、自分のために頑張るか、どちらのほうが結果が出るか、答えは明らかです。

人のことを考えていると、行動は最小限でも、それが相手にとってとても効果的に働くので、自然と自分のまわりにファンがいっぱいできます。

行動が最小限だから、アイデアを考えるゆとりも生まれてくるのです。

でも、自分が一生懸命頑張ってしまう人は、アイデアを考える時間的ゆとりがないのです。昼間、疲れはてるまで働いて、夜になると仲間と飲みに行ってワーッと騒いでストレスを発散する。これではいつまでたっても結果は出ません。

トップになる人は、考えることに時間をかけ、残りの時間で行動します。だから絶対に勝てるようになっているのです。

新人セールスマンの私が、先輩の薫陶を受け、少しずつゆとりをもてるようになったころ、突然、幸福の女神が舞い降りました。

二か月前に定期券を落としてから、毎朝名刺を入れつづけていたオフィスビルのオーナーから電話がかかってきたのです。

それは「連続六十日も名刺を入れて歩くヤツはどんなヤツか会ってみたい」という電話でした。

その後、同じように名刺を入れつづけた人たちから次々と電話がかかってきました。

もちろん、私はその人たちに対して「お客様のため」を考えて行動しました。

その結果、何億という売り上げに結びつきました。ちょっと自慢話になりますが、私は念願の新人賞（顧客獲得件数同期ナンバーワン）を取ることができたのです。

定期券を落としたという失敗をしてもあきらめず、最大限の努力をしたことが、トップセールスマンの先輩との出会いを生み、とても大切なことを学ぶのにつながったのだと思います。

私がその後、転職してもずっとトップセールスマンでいられたのは、このときトップセールスマンの発想法に触れることができたからなのです。

月給が十六万円なら、本代に四万円使え！

サウナでビールを飲みながら、トップセールスマンの先輩にたずねました。

「どうやったらトップセールスマンになれるのですか？」

「まず、営業の本をたくさん読むことだな」

私は重ねて聞きました。

「いい本は何ですか？」

彼は教えてくれませんでした。そのかわりにこういったのです。

「本はたくさんある。ところが、九割はあまりよくない本だ。

でも、たくさん本を読んで、直観的にこの本はいいなって当てられるようになったら、すでに成績はトップになっているよ。でも、そのためにも本は、いっぱい買ってたくさん読まなくちゃダメだ。

おまえは、給料はいくらもらっているんだ？」

「手取りで十六万円です」

「じゃあ、最初は月に四万円、本を買って読まなきゃダメだね」

十六万円の給料で四万円も本に使うのは、正直いってキツイことでした。

でも師匠のいうことです。買って読みました。

最初はよい本も悪い本も見分けがつきませんから、手当たり次第です。

半信半疑で続けていたのですが、新人賞を取ったころ、たしかに私はよい本を直観で当てられるようになっていました。

そうなると、月に五冊くらいしか買わなくても、自分が知りたいと思っていたことが書かれた本に確実にめぐり会えるようになってきます。たんにページを開いているだけで欲しい知識が入ってくるので、次の日にはそれを使って結果を出すという好循環が始まるのです。


では、なぜ数をこなすと、欲しいものに早く到達できるようになるのでしょうか？

そこには潜在的な危機管理能力の目覚めのようなものがあるのだと思います。

本をたくさん買って、それがよくなければ貴重な時間がムダになります。お金も使っていますから損をします。こうした危険を回避するために「いいものを選ばなければ」という直観力が自然と目覚めたのではないかということです。

自分にとって本当に素晴らしい本、そのときの自分に必要な本というのは、書店に並んでいる本全体の〇・一%にも満たないと思います。

そしてこの〇・一%を的確に選ぶ能力を育てるには、ケースメソッドの「数」を重ねていくことが必要なのです。

四百戦無敗を誇る格闘家ヒクソン・グレイシーをご存じですか。彼は、相手が次に何を仕掛けてくるかわかっているから相手の動きを封じ、効果的な攻撃を仕掛けることができるのです。彼の実力を支えているのは、幼いころから毎日繰り返されてきた一族あげての修練です。やはりケースメソッドの「数」が、彼の成功を支えているのです。

自分でよい本を見つけられるようになると、先輩がいい本を教えてくれなかった理由がわかりました。先輩は出し惜しみをしたわけではなく、最初にいい本を教え、いい本だけを読んでいってもトップセールスマンにはなれないことを知っていたのです。

先輩にとっていい本が、私にとっても同じ価値をもっているかというと、違うからです。

人はそれぞれバックグラウンドが違います。

先輩は「おれがやった営業と、おまえがやった営業はスタイルが違うからダメだ」といっていました。

大切なのは、学んだことを行動に移して検証しながら自分のものにしていくことです。自分の行動に活かせなければ、その知識は自分のものにはなりません。そのためにも自分のスタイルに適した知識を選ぶ必要があるということなのです。

私の場合、営業の本を読んで学んだことを実際に営業の仕事の中で実践していたから、うまくいったのだと思います。

つまり「学び」とは、たんに知識を入れることではなく、得た知識を自分のアクションによって「仮説と検証」を繰り返しながら体得していくことなのです。

成功者と自分との違いにピントを合わせよ!

あなたは、マラソン競技の四二・一九五キロメートルを走ることができますか。

私は完走などとうてい無理で、練習して頑張ったところでなんとか半分くらい走れるようになればいいほうでしょう。

ところが世の中には、四二・一九五キロメートルを一週間に十回走れる人もいます。

この「違い」はいったいどこから生まれてくるのでしょうか。

じつは、この「違い」を考えることが、成功を加速させる大切なポイントなのです。

一週間に四二・一九五キロメートルを十回走れる人には、その人なりの走り方や休みの取り方、ストレッチ方法、水分補給のタイミングなど、さまざまなノウハウがあります。

本気で四二・一九五キロメートルを一週間に何本も走れるようになりたいと思うなら、独学でゼロから走り方を研究していくより、「すでにできる人」がもっているほかの人にはない「違い」を学んだほうが、はるかに短い期間で結果を出せるようになります。

あなたが営業マンなら、自分の会社のトップセールスマンがほかの営業マンとどこが違うのか、徹底的に問うてみるのです。この人と自分の違いは何なのか、と。

ですから、**何かを学ぼうとするときもっとも重要なのは、じつは相手が何を教えてくれるかではありません。学ぼうとする側が、その人から何を学びたいと思っているのか、つまり、欲しいものにピントを合わせることができているかどうかなのです。**

この結果を生み出した「違い」は何なのか？

この人がここまで行った「違い」は何なのか？

意識をそこにフォーカスしていないと、大切なポイントを見過ごしてしまいます。

物事を本気で学ぼうとするときには質問する力、すなわち質問力が必要です。

すべての成功者は成功した理由をもっていますが、それは必ずしも整理されたかたちで頭の中にあるとはかぎりません。その人が成功者になれた理由をどれだけ引き出せるかは、学ぼうとする側の質問力にかかっているのです。

こういう話をすると、「何を質問したらいいのかわからない」という人がいます。

では、どうすれば質問力がつくのか？

質問が思いつかないのは、対象に興味をもっていないからです。対象に興味をもち、学びたいと思うものに意識をフォーカスし、欲しいものにピントを合わせれば、聞きたいことがたくさん見つかるはずです。

でもそれには、何のために学ぶのかということを明確にしておくことが必要です。

たとえば英語を勉強する場合でも、いつ海外に行くのかわからない、いつ英語を使うかわからないという状況ではモチベーションは上がりません。「来年、留学したい」「ＴＯＥＩＣで八百点取りたい」といったような明確な動機づけがあったほうが、はるかにやる気が湧いてくるでしょう。

私の場合も、トップセールスマンになりたいという強い思いがあったから、トップセールスマンである先輩から何を聞き出せばよいのか、明確にすることができたのです。

師匠はどんどん替えたほうがよい

物事を学ぶ最良の方法は、よい師匠をもつことです。

師匠と自分の関係はどんなものでもいいのです。会社の上司でなくてもかまいません。違う部署の先輩でもいいし、近所のおばさんでもいい。セミナーの講師でも、本の著者でも、大学の先輩でもいい。自分が学びたいと思う分野のエキスパートであれば、誰でもいいのです。

師匠が決まればあとは師匠の発想や考え方を徹底的に聞き出す機会さえつくればいいのです。これがもっとも早く加速成功するコツです。

師匠を選ぶうえで重要なのは、その人が何のエキスパートなのかを見極めることです。その際、相手のバックグラウンドに注目するのがコツです。

その人はどういうことをして今の地位をつくったのか、そこにピントを合わせるのです。

身近な人であれば、本人やその人の近くにいる人から情報を聞き出すことができます。相手が本の著者やセミナーの講師の場合は、その人のプロフィールや著作物には必ず目を通し、その人が今に至ったプロセスをつぶさに分析してみるのです。

では、たとえば、これから野球を始めようという人が、イチローを師匠にしたらどうなるでしょうか。

彼は日本を代表する超一流のプレーヤーです。でも、彼のバックグラウンドを見ると、小学生のころからすでに天才的な能力を発揮していたことがわかります。もともと野球のうまい人は、下手な人がうまくなるための方法論をもっていません。ですから初心者は、イチローから「野球がうまくなる方法」は学べないのです。

野球がうまくなりたいのなら、野球がうまくなった経験をもっている人か、もしくは他人に野球を指導して実績を上げた経験をもつ人を師匠に選ぶことが必要です。

つまりこの場合は、イチローを師匠にするより、近くの少年野球で何十人もの子供を指導して実績を上げてきた先生を師匠にしたほうがいいのです。

野球選手として一流なのか、野球を教える先生として一流なのかを見極めるということです。その人のバックグラウンドを研究する目的はそこにあります。

じつはもう一つ、加速成功をするための師匠選びのコツがあります。

それは「相手から弟子だと思われないこと」です。

「弟子入りさせてください」

「おう、弟子にしてやる」

このような関係をつくってしまうと、弟子は一生、師匠を超えることができなくなってしまうからです。

誤解のないようにいっておきますが、これはあくまでも加速成功に向かって歩んでいく道のりにおいて、物事を学んでいくための師匠選びの場合です。

私の経験からいっても、進歩の過程で師匠はどんどん替わっていきます。

むしろ、さまざまな師匠をもち、それを自分の成長に合わせて変化させていくことが、短期間で成功するためには必要なのです。

もちろん、一人の師匠に傾倒する生き方を私は否定するつもりはありません。第5章で詳しく述べますが、現に私自身、学生時代から尊敬してやまない心の師匠がいます。

私がお伝えしたいのは、みずからの成長の過程に合わせて、その都度、目標とすべき師匠を選ぶことで、成功がより加速されるということです。

成功者のここをマネしなさい

師匠から学ぶ効果的な方法として、私は「守・破・離」というプロセスと「モデリング」という技法を使っています。

「守・破・離」というのは、武道の世界で学び、独り立ちしていくまでの修行の過程を三つの段階で説明したものです。

「守」――これは指導者の教えや型を守る段階です。

「破」――教えや型を破り、自分独自の方法を試す創意工夫の段階です。

「離」――教えや型から離れ、自身で学んだ内容を発展させ、独自の世界をつくり上げる段階です。

私はこのプロセスを加速成功の方法として応用しました。

最初は「守」です。

この段階ではとにかく師匠がその分野に関して教えてくれたことはすべて受け入れて守ります。**たとえ「それはちょっと違うんじゃないかな」と思うようなことでも、自分の感**

情を白紙にして必ず一度は受け入れます。なぜなら、受け入れる内容をこの段階で取捨選択してしまうと、重要なものを体得することができなくなるからです。

次が「破」です。

この段階では、ただいわれたとおりのことをするだけではなく、自分の発想や工夫を加えて、師の教えにはなかった方法であっても、自分がよいと思うことを試していきます。

最後の「離」は、独自の世界を確立し、師から独立した、影響を受けない段階です。

この「離」の段階では、師匠と完全に袂《たもと》を分かって離れてしまったほうがよいという人もいるのですが、私の場合は離れるのではなく友人として対等につき合うという状態を目指しています。

たとえば、ジェームス・スキナー氏と私の関係がそうです。

彼は世界で千五百万部、日本で百二十万部を突破した大ベストセラー『7つの習慣』（キングベアー出版）を日本でプロデュースし、大ブレイクさせた人物です。今年（二〇〇四年）の二月にはみずからの成功ノウハウをまとめた『成功の9ステップ』（幻冬舎）を出版して話題となったので、ご存じの方も多いと思います。

私は現在、彼の会社の顧問をしていますが、三年前、初めて彼と出会ったときの関係はというと、彼はセミナーの講師、私はその受講生の一人というものでした。

私はジェームスを師匠にして多くのことを学びました。

当時独立したばかりの私には、ジェームスが会社を四つも経営しているのが信じられませんでした。しかも、彼は四社を順調に経営しながら、絵を描いたり音楽を楽しんだりする時間もたっぷりもっていたのです。

会社を経営するというのは一社だけでも大変なことです。それを四社も経営して、しかもどれも順調で自分の時間もある。この違いはどこから生まれているのだろうと思い、ジェームスを師匠に選んだわけです。もちろんジェームスには秘密です。

おかげで今、私はジェームスと同じように、複数の会社を経営し、十分な報酬と自分の時間を手に入れています。セミナーで出会ってから彼の会社の顧問になるまで、私の場合は二年かかりました。その間に私なりに「守・破・離」のプロセスをこなし、同じグラウンドで友人として貢献できるところにまで、なんとかたどり着いたのです。

師匠から効果的に学ぶもう一つの方法として、「モデリング」について説明します。

これはモデルにした人を徹底的にマネして、その人のもつ能力を自分のものにしていくという技法です。

では、何をマネすればよいと思いますか？

ジェームスは「言葉」「感情」「仕草」の三つをマネするのがよいと教えてくれました。ビデオを何回も見て、テープを何度も聴いて、セミナーにも何度も参加して、相手のしゃべり方や仕草、そしてそのときの感情をマネしてみるのです。感情をマネするというのは、その人がどのような感情を抱いているかを想像し、自分も同じ感情に浸ってみることです。

不思議なことですが、言葉と感情と仕草、この三つをマネしていくと、その人と同じ結果が現れてくるとジェームスはいいます。

これまで数多くの成功者から教えを乞うてきた私は、ジェームスが教えてくれたことに加えて、自分なりに「加速成功のためのモデリング」の技法をまとめてみました。

私の場合、ポイントは「行動」「信念」「ポジショニング」の三つにあると考えています。

「行動」とは、その人がある状況に直面したとき、どのようなアクションをとるか、ということです。モデルにした人の行動をつぶさに観察し、それをマネすることによって、自分の体にその人に成功をもたらした行動パターンを刻み込むのです。また、その人がどのようにして成功を収めることができたのか、その軌跡を探ることも、「行動」のモデリングです。

次に、モデルにする人の「中心テーマ」が何かを探ります。その人は何にもとづいて行動しているのか、その人の核となっている「信念」にピントを合わせ、それをマネするのです。たとえば、偉大な経営者、ジャック・ウェルチ氏の「信念」にピントを合わせることで、自分をそこに重ね合わせてみるのです。

そして最後に、その人がどのように「自己認識」しているか、自分をどのポジションに位置づけることによって成功を収めてきたのか、その「ポジショニング」にピントを合わせるのです。

たとえば私は今、音楽プロデューサーの小室哲哉さんをモデリング対象の一人としています。彼は多くのミュージシャンをプロデュースするとともに、白らもユニットを組んでミュージシャンとして活動しています。その「ポジショニング」が最適だったからこそ、小室さんはあれほどまでの成功を収めることができたのだと私はとらえています。小室さんの「ポジショニング」の取り方にピントを合わせることによって、私は、みずから一人の成功者として生きるとともに、多くの成功者をプロデュースしていく姿を夢見ているのです。

「行動」「信念」「ポジショニング」、この三つをモデリングすることによって、私自身、大いに成功が加速されたと思っています。

成功哲学の本に詳しい人なら、「成功者のCDやテープを繰り返し聴くといい」といわれていることをご存じでしょう。理由は、じつはこれなのです。成功者が語る言葉を繰り返し聴くことによって、顕在意識でモデリングするだけでなく、潜在意識にまでそれが浸透していく効果があるのです。

私は今も、車の中では必ず成功者のCDを聴くことを習慣にしています。

CDを聴いている間、私はその成功者に完全になりきることができます。

とことん成功者をマネしてみる。加速成功の第一歩は、ここから始まるのです。

第2章

わがままを押し通し、「有能の輪」に磨きをかけろ！

勤勉な人より怠け者に仕事をまかせなさい

自分が会社の経営者だと思って、次の質問に答えてください。

「勤勉で有能な人」と「怠惰で有能な人」。あなたが大きな仕事をまかせるとしたら、どちらの人を選びますか?

私がこの質問をすると、約九割の人が「勤勉で有能な人」と答えます。

でも、私は違います。

私は「怠惰で有能な人」を選びます。

こうした私の、人とはちょっと違うビジネスセンスの軸になっているのが「マインシュタイン・マトリックス」というおもしろい概念です。

マインシュタインというのはドイツの将軍の名前で、彼はどのような人物が将軍にふさわしいかを明確に判定するため、この概念を体系化したのです。それを私は経営者の資質を計ったり、社員の配置を決めたりするための概念として活用しています。

多くの経営者は、勤勉で有能なタイプを好みます。就職試験などで有利なのもこのタイプです。

でも、**実際にビジネスをしていくうえで、もっとも大きな力を発揮するのは「怠惰で有能な人」なのです。**

では、もう一問、あなたが解雇するならどちらを選びますか？

「勤勉で無能な人」と「怠惰で無能な人」。

じつはこれも間違える人が多いのですが、切らなければならないのは「怠惰で無能な人」ではなく、「勤勉で無能な人」のほうなのです。

とくに日本人は情に厚いので、一生懸命やっていれば結果が出せなくても「頑張っているのだから」と認めてしまう傾向があります。しかし、勤勉な人、つまり真面目に一生懸命やっている人というのは、いい方を変えればそれ以上頑張りようのない人なのです。目いっぱい頑張っているのに結果が出せないなら、今後を期待するのも無理というものでしょう。

でも、「怠惰で無能な人」は、怠けさせなければ成果を上げるかもしれない。つまり、よくなる「可能性」があるのです。

有能な場合も理屈は同じです。

「怠惰で有能な人」は、「勤勉で有能な人」よりも「ゆとり」があるのです。

誤解がないようにいっておきますが、ここでいう怠惰というのは、行動量が少ないという意味です。ただゴロゴロしているヤツがいいということではありませんから、くれぐれもご注意を。

マインシュタイン・マトリックス

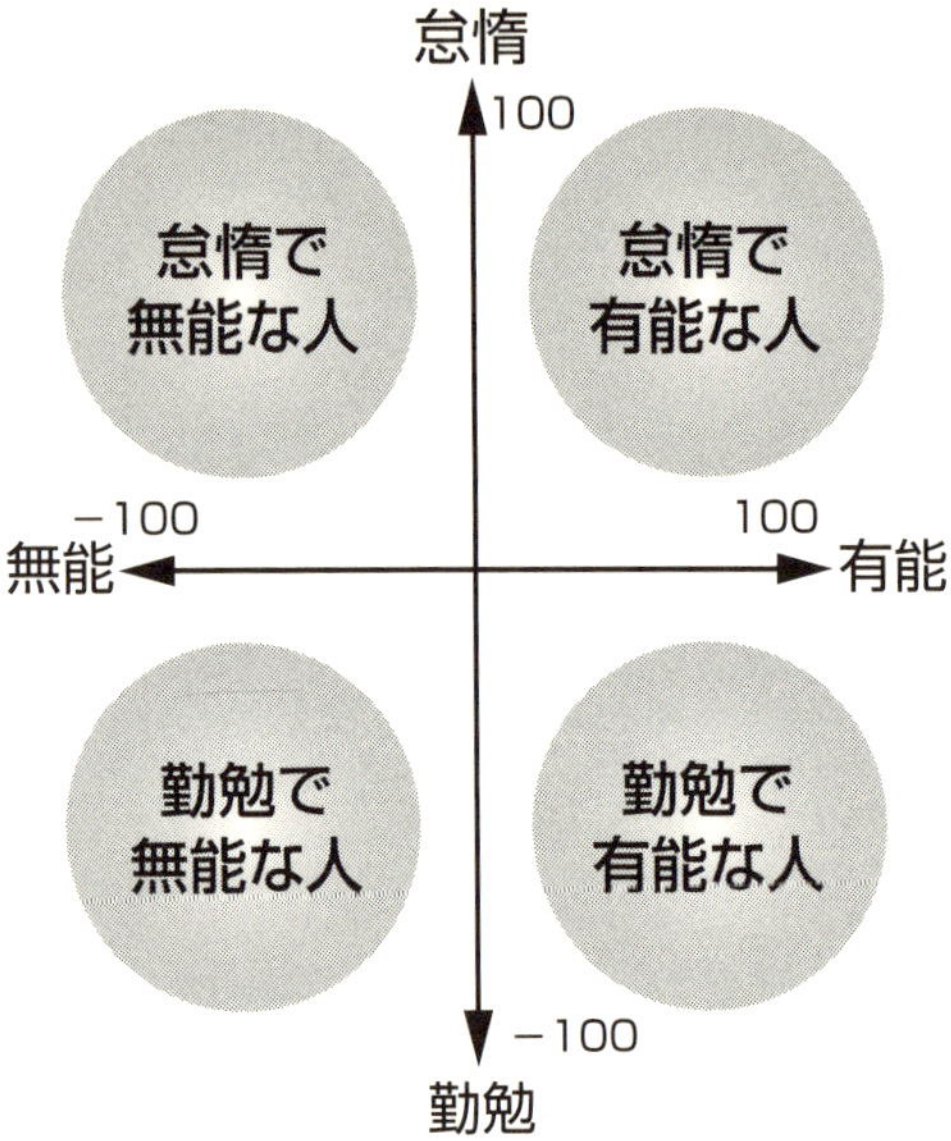

短時間で高い生産性を上げてきた人というのが「怠惰で有能な人」です。つまり、結果を出すまでに要した時間が短ければ短いほど、ポテンシャル（潜在的能力）が高いといえます。

彼らが短時間で高い生産性を上げられるのは、システムをつくる能力と人の力を使う能力があるからです。

私は今、自分の経営する会社に一週間に一度しか顔を出しません。自分が有能かどうかは私にはわかりませんが、とても怠惰な経営者であることは間違いありません。**それでも会社がきちんと回っているのは、自分がそこにいなくても大丈夫なシステムをつくり、それを人の力を使って動かしているからです。**

しかし、勤勉な経営者は、自分自身をシステムの一部に組み込んでしまいます。しかも自分が誰よりも頑張ってしまうので、自分が顔を出さなければ会社が回らないという状態になってしまい、忙しいばかりで収入が伸びなくなるのです。

どのタイプかで成功のかたちは違ってくる

このマインシュタイン・マトリックスをわかりやすく解説したものに、次のようなたとえ話があります。

ある国にA村とB村がありました。A村には井戸があったのですが、B村にはありませんでした。

そこで、質問です。B村に住む、マインシュタイン・マトリックスのそれぞれのタイプはどのような行動を取るでしょうか。

まず、「勤勉で有能な人」。このタイプは両手にバケツをそれぞれもって、A村からB村まで一日に何回も水を運びます。自分だけだと運ぶ量にも限界があるので、人にも同じことを要求するでしょう。

「怠惰で無能な人」は、あれこれとアイデアを出すだけで、実行に移そうとはしません。ただ見ているだけの人です。

「勤勉で無能な人」は、一生懸命に水を運ぶのを手伝おうとするのですが、バケツをひっくり返してしまい、かえって足手まといになってしまうでしょう。

では、「怠惰で有能な人」はどうするのでしょうか。

このタイプの人は、どうすれば自分の手を使わずに水を運べるかを考え、パイプラインをつくりはじめます。そして、やがてはそのパイプラインを世界中にライセンス供与していくことを考えるのです。

このたとえ話から、次のようなことがいえます。

ビジネスでいえば、「怠惰で有能な人」はシステムをつくって、リーダーシップを発揮してまわりを引っ張る力があるということができますから、起業家やビジネスオーナーに向いています。

「勤勉で有能な人」は行動力があるので、システムの中で結果を出す職種、たとえば会社の経営幹部やセールスリーダーに向いています。

ここで大切なのは、それぞれのタイプに応じた「成功のかたち」があるということです。人間にはいろいろなタイプがあるのですから、すべての人が起業家やビジネスオーナーとしての成功を目指すのは無理があるし、目指す必要もないと私は思います。

一人でコツコツとやる仕事に向いている人もいれば、リーダーをサポートすることによって成功する人もいるのです。

この世はアメフトのようなものだと思うのです。

クォーターバックに向いている人もいれば、ラインでガーンとぶつかっていくのが向いている人もいます。いくら花形でも全員がクォーターバックではチームは勝てません。才能の違う各選手を、それぞれの能力に適したポジションに配置したチームが勝つのです。

ですから成功するうえで大切なのは、まず自分の資質に早く気づき、自分の資質にふさわしいポジションに身を置くことです。

「有能の輪」と「無能の輪」を明確化する

あなたは何が得意ですか。また、苦手なことは何ですか。

私の場合、営業が得意でした。営業の仕事ならどの会社に行ってもトップクラスの営業マンになる自信がありました。

ところが、**私は営業以外、苦手なことやできないことだらけの人間です。**まず物を整理整頓できないので、机の上はいつもグチャグチャです。車の運転はヘタクソだし、スポーツもダメです。女性にもモテません。また、メールマガジンを書いているくせに、パソコン音痴ときています。

これは私にかぎらず、**人は誰でも苦手なことのほうが多いのです。**でもそれは、恥ずかしいことではありません。それがその人の個性であるし、もっといえば苦手な部分があるからこそ、他人はその人に人間的魅力を感じるわけです。

だから、**苦手なことやできないことを隠す必要はありません。逆に、オープンにしたほうがいい**と私は思っています。

人は誰でも「有能の輪」と「無能の輪」をもっています。

あなたが何かにおいて成功したいと考えているなら、自分の得意なことである「有能の輪」と苦手なことである「無能の輪」を明確に知ることが決定的に重要です。

それはつまり、「自分を知る」ということ。自分というソフトウェアが、どんな機能をもっていてどんな機能がないかを知らないで自分を動かしてみても、本来もっている能力の一割も有効に引き出せないでしょう。

あなたには、あなた自身がまだ気づいていない潜在能力があるはずです。それを引き出すためにも、自分自身の「有能の輪」と「無能の輪」を明確に意識することから始めてみてください。

この「有能の輪」を磨いていった先にあるのが、その人を成功に導く**「スウィートスポット」**です。

まず自分のスウィートスポットを見つける。それが見つかったら、次はそれを収入に結びつける**「キャッシュポイント」**を見つけます。このキャッシュポイントの見つけ方については、後ほど第4章で詳しく説明します。

スウィートスポットとキャッシュポイント。この二つを見つけることができれば、必ず収入は三倍になります。

「そんなことといっても、私にはたいした才能もないし……」

そう思った方もいるかもしれません。でも、心配はいりません。ちょっとしたコツさえわかれば、自分のスウィートスポットは誰にでも見つけられます。

エゴをとことん押し通し、ワガママになれ!

スウィートスポットについては、ベストセラーとなった『ユダヤ人大富豪の教え』(大和書房)の著者である本田健さんも触れています。彼は楽しいこと、ワクワクすること、得意なこと、この三つの重なる部分がスウィートスポットだといっています。

私は、この三つにもう一つつけ加えたいと思います。

それは「エゴを押し通す」ということです。

サラリーマンの多くがスウィートスポットを見つけられないでいるのは、エゴを押し通さないからです。組織の中にいると、どうしても「自分」を出す機会は減っていきます。

こうしたほうがいいのに、という思いがあっても、それを前面に出して実行していくことが困難な場合もあるでしょう。サラリーマンに求められる協調性が、エゴをどんどん萎縮《いしゅく》させてしまうのです。

でも、**スウィートスポットというのは、ワガママにならなければ手に入らないのです。**

ワガママといっても、ただの自分勝手ではありません。自分のよいところを最大限に活かすためのワガママです。

たとえば、格闘技イベント「PRIDE（プライド）」のトップファイターに桜庭和志さんという選手がいます。

彼は日本人がどうしても倒すことができなかったグレイシー一族に初めて勝って人気を博した選手です。桜庭選手の勝利は、日本人の多くに「やればできる」という勇気と元気を与えました。

そんな彼の勝利の陰には、彼独自の、そう、いい換えればワガママなトレーニング方法があったのです。

彼はどちらかといえば、華のないプロレスラーでした。体も小さく派手な決め技もない桜庭選手は、エンターテインメント向きではなかったのです。そのうえ彼はランニングも筋トレも嫌い、ほかの選手のように無理してでも体重を増やすこともしませんでした。
当然、彼のやり方はまわりから非難されました。しかし、彼は自分流を貫いたのです。筋トレもランニングもしないけれど、大好きでなおかつ得意でもあった関節技のトレーニングに集中したのです。その結果が「ＰＲＩＤＥ」の舞台での勝利と名声につながったのです。

スウィートスポットは自分の仕事に直接関係なくても、好きなこと、得意なことなら何でもいいのです。大切なのはそれにとことん磨きをかけることです。

そのユニークな例に、パチンコを自分のスウィートスポットにしてしまったサラリーマンがいます。

その人は世間的に見ればダメなサラリーマンの典型のような人でした。ろくに仕事もしないで、ヒマさえあればパチンコをやっている。でもパチンコの腕だけはよく、サラリーの倍近い収入をパチンコで得ていました。

そんな姿を見て、パチンコ屋のオーナーが彼に声をかけたのです。「どうしたらそんなに出るのか教えてくれ」と。

本人としてはアドバイスするより、単純にパチンコをするほうが楽しかったようですが、それがきっかけとなり、彼はパチンコ店にアドバイスするコンサルタントになって大成功したのです。今、彼の年収は一億円以上といわれています。

ラーメン好きをとことん磨いて一流のラーメン評論家になった人もいれば、夜景を見るのが趣味だったことをとことん磨いて夜景評論家という新たな職業まで生み出した方もいます。

どうでしょう。ここは一つ、あなたもワガママになってみてはいかがですか。そして、自分の好きなものをとことん磨いてみてください。

「十兎を追う者は三兎を得る」という逆転発想

すでにやりたいことのある人、好きで好きでたまらないものをもっている人は、それを磨いていけばいいのですが、何が自分の「有能の輪」なのかわからないという人もいると思います。

そういう人は、自分の「有能の輪」を探すところから始めましょう。

では、どうしたら、いち早く自分の「有能の輪」を見つけられるのでしょうか？

私の知り合いに短期間でとても上手に、自分の「有能の輪」を見つけた方がいます。

その人は女性ですが、ゼロから始めてわずか二年間でお茶と絵の先生になってしまいました。

彼女がやったのは、六つの習い事をすべて同時にスタートさせるという荒技です。

六つの習い事を一気に始めて、自分に合わないないなと思ったものは、二、三か月でさっさとやめてしまう。そして、最終的に残ったお茶と絵にエネルギーを集中させることで、短期間でこの二つを自分のスウィートスポットにまで磨き上げたのです。

普通は六つもの習い事を同時に始める人はいません。

でももし、彼女が一つずつ試していたらどうなっていたでしょうか？

まず生け花を始め、しばらく頑張ってみます。そして半年たったころにやはり自分には合わないといってやめる。次にお琴を始めて頑張ってみますが、やはりこれも合わないと半年ほどでやめる。これだけでもう一年が経過してしまいます。時間がもったいないうえに、試してはやめるという繰り返しによって、「もしかしたら自分には何も向いたものがないのではないか」と思うようになってしまいます。これではセルフイメージまで下がってしまいます。

それに、一つずつやるというのは、集中できてよいような気がするのですが、じつはそれが本当に自分に向いているのかどうか、比較する対象がないため判断がむずかしくなるのです。同時に手がけることによって、お茶はお花より好き、絵はお琴より好き、と明確な順位づけができるというメリットもあります。

この方法には多少のリスクもあります。

習い事でいえば、リスクは最初の数か月は月謝の負担が大きいことです。

しかし、最初から三、四か月で合わないものはやめると決めていれば、事前にどのぐらいのリスクになるか把握できます。リスクを把握したうえで挑戦すれば、問題はありません。それに多少リスクがあったとしても、何年も「有能の輪」探しに時間をかけるよりもはるかに効率的です。

私はこの方法をビジネスに応用しています。

何種類か新しい事業のアイデアがあるとき、一つに絞って勝負をかけるのではなく、ある程度のリスクを予想したうえですべて試してみるのです。

そして、結果の出たものだけを残していく。

つまり、一気に手を広げてから狭めるのです。

「二兎《と》を追う者は一兎も得ず」ということわざがありますが、**「十兎を追って三兎を得る」という方法が、じつは短期間で加速成功する秘訣《ひけつ》なのです。**

「夢の実現」と「成功の実現」はイコールではない

証券会社の同期社員の中で念願のトップセールスを達成した私は、それから間もなく転職を決意しました。理由は二つありました。一つは自分にトレーダーになる才能がないとわかったこと、もう一つは報酬に対する不満でした。

私はもともとトレーダーという職業にあこがれて証券会社に入りました。頑張ってトップセールスマンを目指したのも、トレーダーになりたかったからです。

トレーダーというのは、お客様からお金を預かり、それを運用して増やすという仕事です。ところが、**やってみて初めてわかったのですが、私には「これから値上がりする株を見抜く」という才能がまるでなかったのです。**

私は証券会社にいた間に、およそ二百八十人のお客様を開拓したのですが、私が勧めた株を買ったこの人たちに、ことごとく大きな損をさせてしまったのです。

私とは反対に、「この株は明日上がる、下がる」と見抜くのが上手な営業マンはたくさんいました。でも、彼らはトップセールスを取れないので、トレーダーになる道が開けないのです。

私のいた証券会社では、トップセールスマンだけがトレーダーに進めるような、いわば暗黙の出世ルールがありました。私はトップセールスマンだったので、このままいけばトレーダーになれないこともなかったのですが、「株を見る才能がない」というなんとも皮肉な真実に直面してしまったのです。

もちろん、私だってすぐにあきらめたわけではありません。証券会社にいた一年間、同期の誰よりもずっと勉強したのにまったく成果が上がらなかったのです。

落ち込みました。

でも、それと同時に初めて自分の「有能の輪」が何かに気づいたのです。

それが「営業」でした。あこがれていたトレーダーの才能は私にはなかったけれど、トップセールスに輝いた営業の才能だったら誰にも負けない。そう思った私は、営業という自分の才能を活かす道へシフトしたのです。転職もそのためでした。

私が経営する会社の鈴木常務は、大学在学中、サッカー部のキャプテンをしていました。部員百五十人のトップ選手だったのです。大学選手権での活躍実績もあり、卒業後はJリーグに行くことも可能でした。

でも、彼はJリーグには行きませんでした。なぜなら、今はトップ選手でもJリーグに行けば、自分は二流になってしまうということをよくわかっていたからです。

「有能の輪」と思われたサッカーをそのまま職業としてしまうのではなく、彼は部員百五十人をまとめたキャプテンとしての統率力という切り口に変え、一部上場企業の就職に活かしました。そして、今では私の会社でその指導力を大いに発揮してくれています。収入もJリーガーに負けていないでしょう。さらに、プロの道はあきらめましたが、彼は今も地元のサッカーチームで活躍し、週末は子供たちにサッカーを教え、人に喜ばれながら自分もサッカーを楽しんでいるのです。サッカーという「有能の輪」から、「指導力」というスウィートスポットを見出した彼は、人生に成功しているといえるでしょう。

一方、彼の友人に、同じぐらいの実力でJリーグへの道を選んだ人がいました。

その彼はどうなったと思いますか？

四百万円の年俸で二年間頑張った末に解雇され、現在は就職活動をしています。

もちろん、それが悪いとはいいません。夢を追いかけるのはそれ自体、素晴らしいことです。

でも、もしあなたが何かの分野でトップになりたいのであれば、自分がどの分野で勝負すればよいのか、自分のスウィートスポットが何なのかを明確に知る必要があります。

なぜなら、夢を実現することと成功を収めることとは同じように見えても、じつは違っているからです。好きなこと、得意なことに必死になって取り組んでいるのに、成功しない人が多いのはそのためです。

自分の「有能の輪」を磨いていく。それは、才能を伸ばしていくとともに自分の才能がどのランクに位置するものなのか、きっちり見極めるということでもあるのです。

幸い私はトレーダーの才能がまったくなかったので、最初に描いていた夢をスパッとあきらめることができました。気をつけなければいけないのは、「少しばかり才能をもっている人」です。

たとえば将棋の世界において、実力が全国で二百位くらいの人は、将棋の才能があるといえます。でも、だからといって将棋のプロ棋士として食べていけるかというと、そんなにかんたんなことではないでしょう。

ところが、発想を変えてみると、プロ棋士になるだけが将棋の才能を活かす道ではないことがわかります。たとえば、将棋を教えることに特化して、将棋教室というビジネスを手がける道が考えられます。インターネット上で将棋を教えるというビジネスも成り立つかもしれません。将棋の本を書くことに長《た》けている可能性もあります。

人は誰でも「有能の輪」をもっています。

その「有能の輪」から、どこにポイントを絞れば自分のスウィートスポットになるのか。スウィートスポットを見極める。これが人生を加速成功させるうえでは不可欠なのです。

一日一時間の勉強で、五年後にはエキスパート！

「有能の輪」は、あなたがこの世で成功するための武器です。

当然のことながら、武器はつねに磨いていなければ使い物になりません。

「有能の輪」も磨かなければ、「人よりちょっと得意なこと」で終わってしまいます。

では、「有能の輪」はどのようにして磨けばいいのでしょうか？

それは、「勉強」です。

「社会人になったのだからもう勉強なんかしたくない」と思われるかもしれませんが、これればかりは仕方ありません。「有能の輪」を磨くにはやはり勉強するしかないのです。

覚えておいてください。知識は力です。

「一流になる」ということは、少なくともその分野に関する専門知識をもっているということです。

ただ、学生時代の勉強と大きく違うのは、これは嫌いなことを無理やり勉強させられるのではないという点です。

「有能の輪」は、あなたにとって好きなことであり得意なことです。その好きな分野を掘り下げていく作業なのですから、楽しくないわけがありません。

いいえ、むしろ楽しくなければやってもムダです。楽しみながら勉強したことは、脳のシナプスの働きをよくし、乾いたスポンジが水を吸うように吸収されていきます。

自分の「有能の輪」を掘り下げるための勉強を毎日一時間、続けてみるのです。

「えっ、一時間も！　忙しくて、そんな時間なんてとれない」と思っている人に神様がほほえんでくれることはありません。成功は、真面目に努力したことに対する神様からのご褒美《ほうび》なのですから！

一日一時間の勉強を毎日続けられれば、五年後には間違いなくあなたはその道のエキスパートになっています。これはウソではありません。決して頭がよいとはいえない、私自身で実証ずみです。

目安としては、自分が専門にしたい分野に関する本をとりあえず二十冊、買って読んでみるのです。二十冊読むと、その分野に関してある程度、専門知識が身についてきます。

また、いい本とよくない本の見分けもできるようになります。本代にして、わずか三、四万円の投資でいいのです。

欲しい年収の三％を勉強のために使え！

成功したいなら、本を読む。これはあたりまえのことです。

さらに私がお勧めするのは、ＣＤです。といっても、音楽を聴くためではありません。

一般に、セミナーＣＤと呼ばれる教材です。**なぜセミナーＣＤを聴くのがいいかというと、潜在意識に何度も何度も繰り返してインプットできるからです。**本を読むのが「文字を目で追う読書」だとすれば、セミナーＣＤを聴くのは「耳で声を聴く読書」といえるでしょう。

さらに一歩進んで、自分がほれ込んだ成功者の講演会やセミナーに参加することをぜひお勧めします。これは「成功者のエネルギーや体温を体で感じる読書」です。不思議なことに、たとえ同じ内容であったとしても、理解の度合いがまったく変わってくるのです。

難点は、本代に比べると少し高いことです。

でも、ここでよく考えてほしいのです。

あなたは短期間で成功したいと願っているから、この『加速成功』というタイトルの本を買ったはずです。短期間で成功したいと本当に強く願っているなら、自分に対する投資を惜しんではいけない。そう思いませんか。

私がよく、講演などで問いかける質問があります。

「あなたが望む年収はいくらですか?」

仮に一千万円だったとしましょう。だとすれば、年間三十万円、将来の自分のために投資してください。**自分が欲しい年収の三％を勉強のために投資するのが、短期間に成功するための秘訣です。**

ちょっとびっくりされるかもしれませんが、**私は大学を卒業して以来、この九年間の累計で一千九百万円ものお金を使って自己投資してきました。**

それで元が取れたのかって？　もちろんです。その気になれば一月でそのお金が回収できるくらい、自分の「有能の輪」に磨きをかけることができました。

その証拠に、起業家育成のためのＣＤをみずから開発するという夢をかなえることもできました。これまでずいぶんとたくさんの本やＣＤで勉強させていただいたので、自分が人に貢献できる立場になれたことを素直に喜んでいます。

短期間で成功するためには、自分の「有能の輪」が何かを知り、それに磨きをかける。そのために、お金と時間をかけることを惜しまない。

ここで今、その決意ができた方は、次の章に進んでください。

大事なお話をしたいと思います。

第3章

とにかく使命をでっち上げろ！

なぜアメリカは月へ行けて、日本は行けないのか

一九六九年七月二十日、アメリカのアポロ十一号は人類初の月面着陸に成功しました。

あれから三十五年、日本人はいまだに月へ行っていません。

なぜアメリカは月へ行けたのに、日本は行けないのでしょうか？

国力が違うから？　技術力が低いから？

いいえ、違います。答えはもっと根本的な問題です。

アメリカは月へ行くと決めたけれど、日本は決めていないから。

これが答えです。

つまり、**アメリカのアポロ計画が成功したのは、「月へ行く」という高い目標を設定したから**なのです。

考えてみてください。当時のアメリカのコンピュータが、日本のファミコン程度の能力しかなかったというのは有名な話です。現在の日本の技術力、資金力があれば、「行く」と決めさえすれば、必ず行けるはずです。

アメリカがやったのは、どうすれば月に行けるのかわからないという時点で、「行けるとしたらどうするか」と考え、逆算で理論を組み立てていくということでした。目標からの逆算です。逆算するためには、目標というゴールを設定しなければなりません。

ですから、**偉大なことを成し遂げる人というのは、まず最初に自分の基準を超えた巨大な目標、一見誰もが不可能と思うような目標を立てる人なのです。**

これは仕事上で記録を出す人も同じです。

少しばかり、私の自慢話につき合ってください。

私が以前勤めていたX社は非常にノルマの厳しい会社でした。たとえばコピー機の販売ノルマがあるのですが、大手メーカーの子会社の販売ノルマが月に平均四台だったとき、X社のノルマは十二台でした。

ほとんどの社員が、大手の三倍というこのノルマに文句をいっていました。

そんななかで私は、目標をさらにその倍以上の二十五台に設定したのです。

結果はどうなったと思いますか？

十二台のノルマで文句をいっていた同僚は、よくても九台から十台しか売れないのに、私は二十台も売れたのです。

なぜなら、文句をいっていた人の頭の中には、「大手は月四台のノルマなのに……」という意識があり、それがブレーキとなってしまっていたのに対し、私の中には「二十五台売る」という高い目標設定があったからです。

会社から与えられたノルマというのは、X社という会社にとってのハードルであって、自分の能力とも、他社のノルマとも関係ありません。

高い目標を掲げるということは、ハードルを自分で引き上げることです。

自分には二十五台売る力があると信じて、ゴールからの逆算で二十五台売るために必要なことをする。だから私は二十台のコピー機を売ることができました。同じようにより高い目標を掲げることで、最高で月間四十一台の販売実績を上げたこともあります。

つまり、**大きな目標を掲げた人が、大きな仕事を成し遂げるのです。**

目標設定すると、潜在意識が働きはじめる

「明確な目標をもってイメージすれば、夢はかなう」

成功哲学でしばしば語られるこの言葉に初めて出会ったのは、私がブラジルに留学していたときのことです。

私が通っていた大学には、ブラジルの大学との交換留学制度がありました。運よく交換留学生に選ばれた私は、留学中、現地にいる日本人経営者のお宅にホームステイすることになりました。

このときお世話になった日本人経営者が、私にとって最初の人生の師となったI氏でした。

彼は私の大学の卒業生で、ブラジルに渡りさまざまな苦労を乗り越え、家具メーカーの経営者として大成功を収めた人でした。

彼との出会いにより、それまで抱いていた経営者というものに対する私のイメージは大きく変わりました。経営者というと、頑固で、気むずかしくて近寄りがたい、そんな印象をもっていたのですが、I氏は気さくでとても親切な人でした。それでいて不思議なカリスマ性があり、日本企業のブラジル現地法人の社長たちが、I氏の前ではその一言一言に一喜一憂していたのです。

私が「成功者になりたい」と漠然と思うようになったのは、彼のようになりたいという思いがスタートでした。

I氏は私にいろいろなことを教えてくれました。

「自分がなりたいものをイメージして紙に書いておくか、手に入れたいものの写真をもって毎日念じるといいよ。そうすると、絶対に願いはかなうから」というのもその一つです。

私がラッキーだったのは、これをたんなる知識の一つとして聞いたのではなく、実際に経験した人の体験として直接聞くことができたことです。

I氏は雑誌から切り抜いたフェラーリの写真を私に見せながら、いいました。

「おれはこの写真でフェラーリを手に入れたんだ」

私にはI氏がいっていることの意味がよくわかりませんでした。でも、それはたしかに彼が所有しているフェラーリと同じ車の写真でした。

そのときI氏は「潜在意識で引き寄せるんだ」といっただけで詳しく説明してくれませんでしたが、この言葉は私の意識に深く印象づけられました。

I氏が語っていた言葉の意味がわかったのは、日本に戻ってからです。

偶然、本屋で本を見ているときに、平積みされていたある本の帯に書かれていた「潜在意識を使えば夢はかなう」という文字が目に飛び込んできたのです。それは東海大学教授の経歴をもち、多くの成功哲学関係の本を出している謝世輝先生の本でした。

その本を買って読むと、なんとその中には、I氏が何気なく、ボソッといっていたことがきちんと文章化されて解説されていたのです。夢中になって何度も何度も読み返しました。謝世輝先生のほかの本もすべて買って読みました。

しかし、いくらI氏のいっていたことと同じことが本に書かれていたからといって、**「願えばかなう」なんてうまい話が、本当に誰にでも起こるとはすぐには信じられません。**

そこで自分の人生で試してみることにしたのです。

ちょうど就職活動が目前に迫っていたこともあり、私は希望する就職先を紙に書き出して、もち歩いて毎日見たり、その会社に就職して働いている自分の姿をイメージすることにしました。

紙に書いたのは、六社。どれも一部上場の証券会社で、大学の就職課からさえ「うちのような大学ではむずかしい」といわれていた会社ばかりです。

結果は驚くべきものでした。六社全社から内定通知を受け取ったのです。

私は信じました。

そう、目標を決めて、その目標を絶えず忘れないようにすれば夢はかなうのだ、と。

「月へ行く」のも「遊園地に行く」のも違いはない

では、なぜ「〇〇する」と目標を決めると達成できてしまうのでしょうか？

じつをいうと、この種明かしは、とてもかんたんなのです。

目標を小さなものに置き換えて考えてみるとわかります。

たとえば「家族で土曜日に遊園地に行く」と目標設定した場合を考えてみましょう。

目標設定をしたからこそ、いつもは休日というと十二時まで寝ているお父さんも九時に起き、お母さんはそれよりも二時間早く起きてお弁当をつくります。子供たちも、その日だけは友だちと遊びに行く約束をしません。こうして家族そろって遊園地に行くという目標は達成されます。

しかし、最初に目標設定しなければどうだったでしょう？

目標がなければ、それぞれが自分の都合で動いてしまうため、「家族で土曜日に遊園地に行く」ことはできません。

じつは「月へ行く」のも、「家族で遊園地に行く」のも、レベルは違いますが、やり方は同じなのです。

このごくシンプルで、日常生活では誰もが使っているスキルを、自分の夢の実現のために使ってみることが大切なのです。

では、「月へ行く」のと「家族で遊園地に行く」のは、どこが違うのでしょう？

違いは、それができると確信しているかいないか、じつはそれだけです。

家族で遊園地に行くことは、かんたんに「できる」と確信できます。

でも、月に行くことを「できる」と確信するのはかんたんではありません。

家族で遊園地に行くことを確信できるのは、それぞれが目標達成のためにしなければならないことが最初から見えているからです。早起きをする、お弁当をつくる、友だちと約束しない。そうしたすべきことがわかっていて、それが自分にはできることもわかっています。だから確信できるのです。

ところが、月に行く場合は、何が必要なのか、どんなリスクがあるのか、情報が少なすぎて「そのためにすべきこと」がわかりません。すべきことがわからないのですから、それが自分にできることなのかどうかも、わかりません。だから確信できないのです。

日常的なことは「できるとわかっている」からできるし、人がやっていないことは「できると思えない」からできないのです。

わからないものは信じられないと多くの人はいいます。本当にそうでしょうか？

では、前人未踏の偉業を成し遂げた人たちは、なぜできたのでしょうか？

彼らが信じたのは自分の無限の可能性です。

そして、これがとてもおもしろいのですが、**達成するための道筋がわからなくても「できる」と決めて確信してしまうと、目標を達成するために必要な情報は、潜在意識が勝手に引き寄せてきてくれるのです。**「成功する」と決めた私の目に、I氏のいっていた「潜在意識」という言葉の意味を知るための情報が、謝世輝先生の本というかたちで入ってきたように。

これは、意識に強く刷り込むことによって、私たちが日々目や耳にする膨大な情報の中から、必要な情報がピックアップされ、意識の中にシグナルを送ってくるからです。

それはキーワードを入力すると、膨大な情報の中から必要な情報を表示してくれるインターネットの検索エンジンのようなものです。

ですから大切なのは、まず目標を設定し、それが「自分にはできる」と確信することなのです。

目標に同意するかしないかで、結果は大違い

就職活動では志望した会社すべてから内定をもらった私ですが、大学受験のときは失敗の連続でした。現役では受からず、浪人して一年間一生懸命勉強したのに志望校には結局受からず、妥協してなんとか大学にもぐり込めたのが現実です。

当時はその結果に心底落胆しましたが、今にして思えば当然の結果でした。

なぜなら「いい大学に入る」という当時の目標に、私自身が心から同意していなかったからです。

いい大学に入りたくなかったということではありません。

私の「一流大学に入る」という目標を支えていたのは、一流大学の学生なら合コンで女の子にモテるし、ハッピーな学生生活が送れるだろうという程度のものでした。つけ加えても、一流大学卒業の経歴を活かして一流企業に就職して……、というくらいです。

こうした未来図は、欲しいかと聞かれれば一応「欲しい」のですが、心の底から本当に欲しいといい切れるものではありませんでした。

私がもっていたのは、子供のころから両親や先生方に刷り込まれてきた幸せの未来像にすぎなかったのです。もちろん私の両親は、私の将来を一〇〇％考えてくれたうえで、アドバイスをしてくれていました。一流大学に行って、一流企業へ行くのがいいんだと思ったのは、それしか成功の図式をもっていなかったからです。

一応そこを目指していたけれど、それは自分にとって本当に光り輝くものではなく、心の底からは肯定していなかったのです。だから、自分では一生懸命やっていたつもりでも、実際にはエンジンが完全にはかからず、受験勉強がはかどらなかったのです。

「できる」と確信するためには、「本当にそれが欲しいのか」という問いに心から同意することが必要なのです。

もちろん、確信できないから同意できないという場合もあります。

たとえば、年収一億円と目標を設定したとき、心から一億円欲しいと思っていたとしても、「自分には無理だろう」と思ってしまうと、その目標に同意できなくなります。

つまり、同意と確信は表裏一体なのです。

では、なぜ同意して確信すると夢がかなうようになるのでしょうか。

成功哲学の先人の多くは、潜在意識がつながっているからだと説明しています。

潜在意識はすべてつながっているから、必要なものを波動で引き寄せるというのです。

残念ながら、潜在意識がつながっていることを私には科学的に証明することはできません。でも私自身、心から欲しいと思ったことを目標に設定すると、それにもっとも適した人や情報、状況などが、まるで吸い寄せられるように手に入るようになったのは、まぎれもない事実です。

たとえば、一年前の私は、本を出版するなんて、想像さえできないことでした。瀕死《ひんし》の状況に陥っていた会社を立て直すことに成功して、年収もサラリーマン時代の九倍を稼ぐようになったとはいえ、世間から見れば、世の中にごまんとある中小企業のオーナー経営者の一人にすぎません。

そんな私が、ある日、「三年以内に本を出版しよう」と目標を紙に書いたのです。出版社に知り合いがいるわけでもなく、なんの根拠もありませんでした。ただ、心から同意して、確信したのです。そして、その目標を宣言して歩いて回りました。

すると、どうでしょう。それからわずか二か月の間に、六つの出版社から本を出さないかという話が舞い込んできたのです。

このように、**自分でそれを「やる」と同意して、それに向かって努力していると、それ**

まで解決策の見えなかった空白部分がポンとつながるときが来るのです。

これは月へ行ったアポロ計画でも同じだったと思います。

月に行くと決め、同意して努力していたが、どうしても埋まらない部分がある。その空白の部分は空白として置いておいて、その問題がクリアされたとしたら、と仮定してその先を考えているうちに、空白を埋めるものが現れたのだと思います。

これはジグソーパズルが完成していくのに似ています。ジグソーパズルは端から順序立って埋まっていくわけではありません。図柄のわかりやすいところを部分的につなげていって、最後にところどころ空いていた部分が埋まって、全体が完成します。

目標が潜在意識の力のなせるわざで達成されていくときというのは、目標に向かって一段一段階段を登っていくように近づくのではないのです。

一段ずつだと思っていると、途中が埋まらず空白になったときに、「やはりこれはできないんだ」と思ってあきらめたくなってしまいます。

でも、途中は見えないところがあってもいいのです。

必ず埋まる。そう信じていれば、必ず必要なものが出てきます。

そして、空白部分が埋まったら、一気に階段を駆け上がればいいのです。

期日を決めることが決定的に重要な理由

目標を設定するとき、もう一つ重要なのが、期日を決めることです。

なぜ期日を決めることが必要なのかというと、期日がはっきりしないと同意するのがむずかしいからです。

たとえば、年収を三千万円にするという目標を立てたとき、現在の年収が五百万円なのに、期日が来年だったらどうでしょう？　同意できますか？

「これは無理だろう」と思ってしまいますよね。

でも、五年後だったらどうでしょう？

五年間あれば、自分の専門分野を磨いて新たな収入源をつくる方法も考えられます。つまり、**「一年後では同意できない」くらい高い目標であっても、「五年後だったら同意できる」ことがあるのです。**

こうして、期日を決めることを上手に活用して成功した人に、ワタミフードサービスの渡邉《わたなべ》美樹社長がいます。

彼は著書の中で、「夢に期日を入れる」と語っています。

何月何日に何店舗を出すと書いて、書いたとおりの期日に達成できるよう、すべてを目標からの逆算で行っているのです。

渡邉氏が将来経営者になると目標設定したのは、彼がまだ十歳のときだそうです。その後、実際にワタミフードサービスを立ち上げるまで、彼はじつに戦略的に動いています。

大学は商学部に進学し、卒業後は会社経営に絶対必要な経理能力を身につけるため、経理のコンサルタント会社に入社。そこで簿記二級を取ると一年で退職し、次は佐川急便にセールスドライバーとして入社します。独立資金三百万円をためるためでした。

そして目標の三百万円を、これも予定どおりの一年間でためると、半年間の準備期間を経て、やっと念願の居酒屋業界に足を踏み入れるのです。

最初は大手居酒屋チェーンの「つぼ八」一店舗から始め、オリジナルブランド「和民」チェーンへと転換することによって成功の階段を駆け上がっていきました。

自分の夢を達成するために必要なことを、彼はじつに緻密《ちみつ》に逆算し、期日を決め実行してきたのです。

いつ独立するかを決め、そのためには何が必要なのか、それを手に入れるにはどこへ行きどれくらい勉強の期間を費やすことが必要なのか。

このように目標を達成するまでのイメージが明確だからこそ、彼の設定した期日どおりに物事が達成されていくのです。

渡邉社長は現在も、二〇〇八年までに一千店舗、二〇二〇年までに三千店舗という期日を決めた大きな目標を掲げていますが、彼がこのやり方を踏襲しているかぎり、きっと目標は期日どおりに達成されることでしょう。

いい加減な設計図では、ビルは建てられない

このように一口に「目標設定」といっても、確実に目標を達成させるためには、同意や期日など欠くことのできない要素がいくつかあります。

それら目標設定に不可欠な要素を、非常にわかりやすいスキルにまとめたものが、ブライアン・トレーシーの「SMARTの原則」です。

ブライアン・トレーシーというのは、アメリカで土木作業員から身を起こし、年収二億

四千万円を取るコンサルタントにまでなった人物です。彼は自らの経験からつかみ取った成功ノウハウを多くの人に提供している、アメリカでは『7つの習慣』の著者のスティーブン・R・コヴィーなどとともに有名な成功哲学のカリスマです。

そんな願望達成のエキスパートが目標設定スキルとして提唱しているのが、「SMARTの原則」なのです。

SMARTというは、「Specific（具体的）」「Measurable（計測可能）」「Agreed upon（同意できている）」「Realistic（現実的）」「Timely（明確な期日）」という目標設定に不可欠な五つの要素の頭文字を取ったものです。

たとえば、「ハワイ旅行をする」という目標を設定する場合、SMARTの原則に沿って考えると次のようになります。

まず目標が達成されたときの具体的なイメージを描きます。たとえばハワイではどのビーチで遊び、どのホテルに泊まるのかなど、できるだけ明確にします。これが第一の項目「具体的」です。

次の「計測可能」では、何日間の滞在で、費用はいくらかかるかなど、目標達成に必要な数字を割り出します。

そして、本当に心からハワイに行きたいと思っているのか、自らの心に「同意」の有無を確認します。

さらにこの計画が「現実的」なものかどうかを検討します。休日を取ることはできるのか、費用を出すことが可能なのか、などです。

そして最後に、何年の何月何日までにハワイに行くのか、期日を設定します。

これが成功するための「目標設定」のやり方です。

目標設定というのは、いわばビルの設計図をつくるようなものです。いい加減な設計図ではイメージどおりのビルを建てることはできません。イメージを具体的な数字に置き換え、綿密に検討し、細部まで具体的になっていて初めて設計図どおりのビルが建つのです。

この目標設定のスキルを使うことによって、目標というゴールは、より明確になります。

ただハワイに行きたいと思っているだけでは、ハワイに行くことはできません。

宿泊先を決め、現地でのスケジュールを立て、予算を決め、同意して、期日を明確にするから、それに合わせて行動でき、目標が達成されるのです。

ハワイに行きたいと思っていたのに今年も行けなかった。そういっている人は、目標設定のやり方に問題があったのです。

ブライアン・トレーシーは、「目標設定は成功のマスタースキルである」といっています。これは別のいい方をすれば、目標設定なしに成功はあり得ないということでもあるのです。

夢は大きすぎても小さすぎてもダメ！

具体的な目標は、大きな夢から生まれます。

たとえば、私がX社にいたとき、「月に二十五台のコピー機を売る」と目標設定したのは、「成功者になる」というもっともっと大きな夢に近づくためです。

つまり個々の目標設定は、夢の実現に至るプロセスの一つなのです。

自分の中に大きな夢のイメージがなければ、そのプロセスである目標は設定できません。

本書を手に取ってくださったあなたは、漠然とはしていても何らかの夢はもっていることでしょう。夢をもっているからこそ、少しでも早くそこに到達する「加速成功」に興味をもっていただいたのだと思います。

ですから本書では、「どうしたら夢がもてるか」ということにはあえて言及しません。

でも、あなたのもっている「夢」が、あなた自身にふさわしいものなのかどうか、それを判断するヒントについては述べておきたいと思います。

じつは、夢のもち方にもコツがあるのです。私はこの「夢のもち方」がうまかったので、短期間で加速成功することができたのだと思っています。

まず最初に、「どんなものであっても夢はかなう」ということを頭に入れてください。

人間の可能性は無限です。夢は必ずかないます。

これが真理であることは間違いないのですが、あなたが短期間で成功したいと思うなら、あなたにふさわしい夢を上手に選ぶことが決定的に重要です。

たとえば、まるで野球経験のない三十歳の男性が、イチローのようなプロ野球選手になって成功したいという夢をもったとしたらどうでしょうか?

「夢は必ずかなう」という真理からすれば、まったく不可能とはいえません。

しかし、克服すべきハードルが果てしなく高いものであることも事実です。不可能ではないが、実現させるのがとてもむずかしくなる。そのむずかしさは、かぎりなく不可能に近いものです。

では、同じ人が同じような夢を見るにしても、自分ではなく自分の子供を野球選手にしたいと考えたらどうでしょう。ハードルは一気に低くなります。

事実、イチローやタイガー・ウッズといった超一流の選手は、バックグラウンドを見ればわかりますが、彼らの親の夢を受け継ぎ、子供のころから英才教育を受けて夢を実現させているのです。

もちろん、無謀な夢を描くのは本人の自由です。頭の中だけの空想の世界で遊ぶなら、それはそれで楽しいでしょう。

でも、夢を実現させることがあなたの人生の目的であるなら、夢がかなうような「夢のもち方」をすべきです。具体的には、そう、あなたの「有能の輪」を発展させたところに、あなたの夢を置けばよいのです。その夢は一見、届かないくらいはるか遠くに見えるかもしれません。でも、「千里の道も一歩から」というように、何十、何百という具体的な目標を決めてそれを一つ一つ達成していけば、夢は必ずかなうのです。

さて、無謀な夢を抱くのも下手なやり方なのですが、それよりももっと下手なのが、小さすぎる夢しかもっていない人です。

私は断言します。あなたは本来、あなたが考えている以上の人間です。

もし、あなたが小さな器に収まっているとしたら、それはあなたがそのように決めつけて考えた結果です。

夢をもっと大きくしてください。それだけで、あなたの人生はもっと豊かなものになります。

無謀な夢をもって途中で挫折《ざせつ》する人よりも、小さすぎる夢しかもたずに人生をつまらないものにしてしまっている人のほうが、じつは圧倒的に多いのです。

無謀な夢をもつことは成功への道を遠ざけてしまいます。

逆に、小さすぎる夢は成功への道を閉ざしてしまいます。

無謀な夢ではなく、また小さすぎる夢でもなく、かぎりなくデッカイ夢をもつこと。

これが加速成功するための上手な夢のもち方です。

大中小の三つの観覧車を使った目標設定法

今では偉そうに「デッカイ夢をもて」と人に触れまわっている私ですが、じつをいうと最初から大きな夢をもっていたわけではありませんでした。

三十歳で年収一千万円。これが、私が最初にもった夢であり、成功者のイメージです。

ところが、あるとき私はブライアン・トレーシーの本の中に次のような言葉を見つけました。


「十年で所得を十倍にする」


こんなことが本当にできるのだろうか。一瞬、そんな思いが頭をよぎりました。でも、私はブライアン・トレーシーを自分の師匠にすると心に決めていましたので、彼の言葉を素直に受け入れることにしました。

これは、当時の私にとっては、常識的に考えると、かなり高いハードル設定です。

でも、その時点ではとうてい不可能と思えるような、高いレベルに目標を設定したほうがよいのです。

多くの人は、世の中の情報や常識的な枠にとらわれ、その枠の中で許される範囲の夢しかもとうとしません。

とくに今の日本は、経済状況がよくないため、リストラされないためにはとか、不況を乗り切るためにはなど、目先の問題解決に関する情報ばかりが氾濫《はんらん》し、大きな夢を語る場が少なくなっています。

「年収三百万円時代」などといわれていますが、**そんな本を読んで納得していると、潜在意識に刷り込まれ、本当に年収三百万円になってしまいます。**

自分の意識を注意深く観察してみてください。あなたの意識の中に、世の中やマスコミが刷り込んだ枠がないかどうか。それは本来、あなたの個性や能力とは何の関係もないことだと思いませんか。

自分の夢は自分で決めるべきものです。

そしてそれは、たぶんあなたが今抱いている夢よりももっと大きなものでいいのです。

しかし、いきなり大きな夢をもちそれを確信しろといっても、すぐにはむずかしいと思います。私もそうでした。いきなり年収の目標額を十倍に設定し直したものの、すぐに確信して同意できたわけではありません。

そこで考えついたのが、「三つの観覧車」を使う目標設定法でした。

大きな観覧車、中ぐらいの観覧車、小さな観覧車。

この三つの観覧車をイメージして、まずいちばん大きな観覧車に、自分が想像しうるかぎりの大きな夢を詰め込むのです。ここではまだその夢の実現が確信できなくてもかまいません。ただし、心から素晴らしいと思えるものでなければダメです。

次に小さな観覧車に、今の自分が努力すれば実現できそうな目標を入れます。ここには頑張れば達成できると、八割がた確信できるものを入れます。

そして中ぐらいの観覧車に、小さな観覧車と大きな観覧車をつなぐために必要な目標を設定するのです。

大きな観覧車は信じられなくていいのです。

無謀なものはダメですが、自分が心から「そうなりたい」と同意できるもので、できるだけ大きな夢を、でっち上げでもいいですから、とにかくつくって、大きな観覧車に詰め込んでしまうのです。

夢は大きければ大きいほど、エネルギーをもちます。

この夢のエネルギーが、あなたを取り巻く現実を成功へと引っ張り上げてくれるのです。

ですから三つの観覧車をつくりますが、あなたが努力するのは、目の前のいちばん小さな観覧車を回すことだけです。

小さな観覧車を、確信して回す努力をする。この小さな観覧車さえ回してしまえば、あとは中ぐらいの観覧車も大きな観覧車も、自然と動きはじめます。そして動きはじめると、今度は大きな観覧車のエネルギーで、どんどん回転が速くなり、加速成功へと導かれていくのです。

今すぐ使命をでっち上げなさい

この三つの観覧車のつくり方には、じつはちょっとしたコツがあります。

一つは「期日」を設定すること。もう一つは、「達成できる根拠」を書き出すことです。

期日の重要性については、ブライアン・トレーシーの「ＳＭＡＲＴの原則」の説明のところでも触れましたが、目標設定に不可欠なものです。

ですから、大中小、それぞれの観覧車に詰め込んだ自分の夢や目標をいつまでに達成するのか、期日を明確にしなければなりません。

大きな観覧車が五〜十年後、中ぐらいの観覧車は二〜三年後、小さな観覧車は三か月から一年後ぐらいの設定がいいでしょう。

それぞれの観覧車に何を入れるのかは、あなたの自由です。

自分の成功のイメージを明確にしていくのですから、ワクワク楽しみながら、それぞれの観覧車に書き込んでいってください（小さな丸、中ぐらいの丸、大きな丸を描いて、その中に書き込んでください。私が観覧車と呼んでいるのは、回っているイメージが目標の達成とダブって想像できるからです）。

観覧車の中に入れるものが決まったら、「それらの目標を達成できる根拠」をできるだけたくさん書き出します。

これは何のために書くのかというと、自分を説得するためです。

だから、ここでは、自己中心的な視点で、自分をほめるように書いていてください。

たとえば、過去五年間で月間トップセールスを取ったことが一度しかない人でも、「おれはトップセールスマンである」と書く。

ヒット企画をチームの一員として手がけたことがあれば、「私のアイデアがヒット企画になった」と書く。

どれもウソではありません。**ポイントは、自分のセルフイメージがアップするように、事実を誇張して書くということです。**

私自身、「証券会社でトップセールスを取った」と、これまで何度か本書で述べてきましたが、正確にいうと同期入社の新入社員の中でトップセールスを取ったものです。それでも私は何か次なる目標を打ち立てるときには、「達成できる根拠」に「証券会社でトップセールスを取った」と書き込むことにしています。

私がこの目標設定法を指導していたときに、「中学時代、陸上で三位を取った」と書いた人がいました。

これは観覧車に書き込まれた目標とは直接関係ないのですが、それを見て本人のセルフイメージがアップするなら、書いてもかまいません。ただ、自分を説得するために書くのですから、あまり昔のことよりは、なるべく近い過去のことのほうがいいでしょう。とにかくできるだけたくさん書き出してください。この「達成できる根拠」が多ければ多いほど、確信は深まり、目標は達成されやすくなるのです。

次に、なぜその目標を達成したいのか、その動機を書いてください。ここでのコツは、使命（ミッション）をでっち上げることです。

「多くの人の役に立ち、喜んでもらいたいと思っている」

「年収の一〇％を恵まれない子供の教育のために使いたい」

自分が心から望むものであると同時に、この目的のためなら神様が味方してくれるはず

だと思えるような使命を、とりあえずでっち上げるのです。

なぜ、とりあえずでっち上げるのか。それはあなた自身がご存じのはずです。そう、使命なんて大それたものは考えたことがない、少なくとも紙に書いたことがない。そういう人が大部分でしょう。だから今、とりあえず使命をでっち上げて、紙に書くのです。

不思議なことに、実際に紙に書いてみると、とりあえずでっち上げた使命だったのに、本当の使命のような気がしてくるのです。

一日五十万円のコンサルタント料はこうして達成

三つの観覧車を上手につくることができましたか?

自分の夢を具体的な目標に設定していくのがむずかしいと感じた方は、これから説明する「モデリング技法」を活用してみてください。

モデリング技法というのは、自分がそうなりたいと思う人物を設定し、モデルとすることです。

つまり、願望を具体的な人に置き換え、その人が行ってきたことを自分の目標として設定してしまうのです。

それにはまずモデルとなる人物が必要です。

私は、二度目に転職したY社の社長K氏を長い間、モデリングしていました。彼は私の師匠であると同時に、目標達成のモデルでもあったのです。

彼は出身地も私と同じ北海道で、トップセールスマンからコンサルタントになり成功したというバックグラウンドも、私が目指すコースに非常によく似ていました。ですから、モデルにするにはピッタリの人物だったのです。

私は徹底してK氏が成功したプロセスを研究しました。

何歳のときにどのような師匠をもち、その人から何をどのように学んだのか。セールスマン時代は、何歳でどんなものを売り、どのような記録を出したのか。起業の時期は何歳のときで、そのプロセスはどうだったのか。独立後はいつどのような事業展開をして、そこで何を学んでいったのか……。

彼について文字化された情報はすべて手に入れました。著書、雑誌の記事、ビデオやCDなどもすべて手に入れて、とにかく自分の頭をその人の情報でいっぱいにするのです。

そのうえで、できればその人から直接学べればベストです。

私は直接話を聞くときには、相手が自分の五年後の年齢のとき、どういう立場にいて何をしていたのかということを重点的に聞き出しました。

「なぜそんなことを聞くの？」と、不思議がられましたが、そのときは**「僕は社長のようになりたいので、社長が今の僕より五歳上のときの姿を目標としているんです。頑張っても追いつけないと思いますが、そこにピントを合わせているので教えていただけませんか？」**と、正直にいいました。

そういうと、ちゃんと教えてくれます。

真の成功者は、成功体験をシェアすることの大切さをわかっているので、こちらが礼を尽くして真摯《しんし》にぶつかっていけば、教えてくれるのです。

そうやって情報を集めていくと、彼がいた環境、彼を支えていたスタッフ、資金力や人脈などその人がやってきたことが具体的に見えるようになってきます。

あとはそれを現在の自分の年齢に当てはめて、目標設定に盛り込んでいけばいいのです。

たとえば自分が現在二十五歳で、モデルとなる人物が三十五歳で成功した人物であれば、彼が三十歳のときの環境や実績を自分の五年後の目標に設定するのです。

私は今、コンサルタント料として一日あたり五十万円という金額を設定していますが、この金額ももともとはK氏のコンサルタント料から目標設定して、達成したものです。

この方法のよい点は、目標が具体的になるだけでなく、モデルにした人物を調べることによって、目標を達成したプロセスも同時に手に入ることです。

目標とそれに至るプロセスが明確になればなるほど、目標達成は確信しやすくなります。

そして、自分が三十歳になったときに、モデリングした人に追いついていれば、最終ゴールが大きなものでも、達成できると確信できるようになるのです。

第4章

何が何でも「結果を出す力」を身につけよ！

「結果を出す力」こそ真のビジネス力

いわゆる成功哲学は、車のドライブテクニックに似たところがあります。

基本的な操作からドリフト走行やアクセルターンなど高度なテクニックを必要とするものまで、それ自体はすべて理論的には可能な技術です。

でも、一度も車を運転したことのない人が、ドライブテクニックを本で勉強しても、上手に運転することはできません。

ドライブテクニックを活かした走りをするには、基本的な車の運転ができることが、最低限の前提条件です。少なくとも教習所を卒業し、若葉マークが取れてからでなければ、プラスアルファのテクニックは使いこなせません。

成功哲学もじつは同じです。

成功しようと思うなら、それがどんな世界での成功を目指すものであっても、最低限身につけていなければならない「ベース」があります。

それが「ビジネス力」です。

ビジネス力と聞いて、あなたはどのようなものを考えますか？

これまで私が関わった人の例でいうと、語学や専門技術、資格などをビジネス力だと思っている人が多いようです。

でも、もしそれがビジネス力なら、私のビジネス力はゼロです。

私には特別な技術も資格もありませんし、欲しいとも思っていません。なぜなら、**資格というのは、使われる側の人間が身につけるもの**だと思っているからです。

証券会社時代、私は数多くのお金持ちを観察する機会に恵まれました。

彼らが語学に長《た》けていたか？　資格をもっていたか？

いいえ、彼らはそうしたものを必要としていませんでした。外国人と交渉する場合は通訳を雇い、税金対策は税理士にお願いし、投資のアドバイスは優秀な専門家から受けていました。

知っていますか？

中小企業診断士の資格をもっているコンサルタントは、現在日本に一万八千人もいます。しかし、その多くの方がクライアント先もなく独立できないでいます。もちろん、中小企業診断士の資格をもった方々で高収入を得ている人もいらっしゃるのですが、彼らは資格をもっているから高収入を得ているのではなく、「ビジネス力」があるからたくさんの稼ぎを得ているのです。

私は一日五十万円という高額なコンサルタント料を設定していますが、それでも来てほしいというクライアントがあとを絶たず、新規の依頼をお断りしている状況です。そんな私はというと、中小企業診断士の資格はおろか、車の免許ぐらいしかもっていません。

つまり、資格の有無はビジネス力とはあまり関係がないということです。

もちろん、資格を取ることは素晴らしいことです。

ただ、真のビジネス力とは、「結果を出す力」のことである。私はそう考えています。

だから、ビジネス力は、自分の外側につける能力ではなく、自分の内側を磨いた先にあるものです。語学や資格といった技術的なことを身につけることもたしかに大切ですが、「大きな目標を掲げ、それを絶対に達成する力を身につける」ことのほうが、どの分野で成功を目指すにせよ、はるかに重要なことだと思います。

もちろん、語学を身につけようとすることや、資格を取ろうと頑張ること自体を否定しているわけではありません。現に私自身、ある夢の実現のために英語の勉強に取り組んでいるところです。

目の前の小さな目標の達成にとことんこだわれ！

では、どうすればビジネス力を高めることができるのでしょうか？

それは、とことん目標にこだわることです。つまり、自分が立てた目標は何が何でも達成すると決め、目標達成に全力を尽くすのです。

「なんだ、そんなことか」と思った方に一つ、質問します。

あなたは今日一日の目標を立てていましたか？

今週、来週の目標はどうすれば達成できると考えていますか？

三か月後、一年後の目標はありますか？

その目標は一〇〇％必ず達成できますか？

「私は営業職ではないから、目標なんてとくに立てていないですよ」

そういう人は案外、多いのではないかと思います。

しかし、どのような職種であろうと、目標を設定することは可能なはずです。事務の仕事であれば、今日はここまで伝票の処理をする。今週はミスをゼロにする。外からかかってきた電話はいちばんに取る。一時間あたりの事務処理量を二〇％アップする。考えてみれば、いくらでも出てくるものです。

それらの目標は、あなたの夢とは直接、関係のないことかもしれません。

わざわざ目標を立てるほど、大それたものでもないかもしれません。

けれども、私は断言します。

小さな目標を達成できない人に、大きな目標は決して達成できません。

小さな結果を出すことにこだわらない人が、大きな結果を出せるはずがないのです。

私の場合は、学生時代、ポルトガル語の単位を落とさないことが、生まれて初めて達成できた目標でした。その小さな目標を達成することができたという自信が、今につながっているのです。

一つ一つの目標の達成にどれだけこだわることができるか……。

これが加速成功の大きな必要条件であることを決して忘れないでください。

目の前の目標達成にこだわれない人が加速成功することはまず不可能と考えていいでしょう。

あえて転職を繰り返してみる

ところで、もう一つ、ビジネス力を高める加速成功の方法があります。

それは、「転職」です。

日本人は、高齢になるほど転職を嫌う傾向があります。私の両親もそうでした。

私は最初の証券会社が一年、次のX社が二年半、三つ目のコンサルタント会社がいちばん長かったのですが、それでも三年半です。

両親は「石の上にも三年だよ」といって、私の転職にはいつも反対してきました。息子が世間で使いものにならなくなるのではと案じ、愛情から反対してくれたのはいうまでもありません。

でも、一つの会社に長くいるとビジネス力がつくのに時間がかかると思った私は、両親や人生の諸先輩方の反対を押し切って強引に自分の信じる転職を繰り返しました。

もちろん、ただやみくもに転職を繰り返していたわけではありません。どの場合も、転職に踏み切ったのには、私なりの「理由」と「見極め」がありました。

ビジネス力をアップさせる転職の仕方がちゃんとあるのです。

転職するのも加速成功のステップの一つですから、明確な目標設定が必要です。

一つは、今のポジションで少なくとも上位五％に入る実績を上げること。

これをしないで、ただ嫌になったからとか、嫌いな上司がいるからというような理由で転職することには、何の意味もありません。

今の場所できちんと結果を出してから、新しい職場にチャレンジするということです。

もう一つは期限を決めること。

私の場合は、一つの職場で何かを学ぶことができる期間は、せいぜい二年から三年でした。三年以上たつと、その仕事を一通りマスターしてしまうので、学ぶべきことがだいたいいなくなってくるのです。

ビジネス力をアップさせるのになぜ転職がよいのかというと、違った環境の中で新しいものにチャレンジできるからです。そのためにも、そこでの仕事で上位五％の結果を出すことが必要なのです。

そこの上司や社長に、ずっとその仕事をやってもらいたいと思わせるぐらいの結果を出さなければダメです。

周囲から認められて高い報酬をもらうという状況は、とても居心地のいいものです。でも、**さらに給料が上がるというそのときに、あえてゼロベースに戻して、違うところに行く**というのが、自分をキャリアアップさせるコツなのです。

短期間で加速して成功するためには、まわりに認めさせて、自分も認めて、お互い認めているのにゼロに戻して違うことにトライしていくことが必要なのです。

とても勇気のいることですが、それがいちばん早くパワーをつける方法だと思います。

転職するというのは、ある意味で自分をリスクにさらすということです。

しかもこのやり方だと、転職するたびに年齢が上がっていきますから、ハードルはどんどん高くなります。なぜなら、そこの会社にいる自分と同じ年齢の人は、その職種に対するキャリアを自分より多く積んでいるからです。

でも、そこであえてゼロからスタートして、高速でそのレベルまで追いつく努力をする。これによって自分のビジネス力が極限まで高められていくのです。

このように転職がもっともスピーディーにビジネス力を高める方法の一つであることは確かですが、すべての人に転職を勧めるわけではありません。

今の会社を愛しているという人は、その社内でできる違う仕事を提案したり、大きな会社なら部署を移ったりするなどして、内容が異なる仕事にチャレンジするという方法もあります。

ただし、どちらの場合も、ビジネス力を高めるには、「結果を出したうえで新しい環境にチャレンジしていく」ということが大切なのは覚えておいてください。

ビジネス力を高める三つのスキル

ビジネス力とは「結果を出す力」だといいました。

では、どんな業種に移っても結果を出すビジネス力を身につけるには、具体的にどのようなスキル（技）を身につけることが必要なのでしょうか？

ここを明確にしておかないと、キャリアアップのスピードは加速されません。

どこへ行っても必要で、役立つスキルというのは、どのようなものだと思いますか？

具体的には次の三つの能力だと、私は考えています。

・営業力

・時間管理力
・短縮発想法
まず一つは「営業力」。これはビジネス力のもっとも基本となるスキルです。

営業というのは何かというと、コミュニケーションであり、相手のニーズを探ることであり、交渉することです。いい換えれば、「伝える力」「ニーズを探る力」「それらの折り合い地点を見つける力」です。

大ベストセラーとなったロバート・キヨサキ氏の著書『金持ち父さん　貧乏父さん』（筑摩書房）の中で、金持ちになるためのアドバイスを求めた女性記者に、彼がセールスを勉強するようにと答えて、相手の怒りを買ったエピソードが記されています。

女性記者は「セールスマンのような仕事をする気はない」とロバートのアドバイスを拒否するのですが、彼の真意は、どんな職業で成功を望むにしても、才能がありながらそれを活かし切れていない人は、営業を学ぶことによってチャンスを大きく広げることができるということを教えていたのです。

営業力を身につける近道は、やはり実際に営業を仕事とすることです。

転職してみるのもいいですが、それではリスクが大きすぎるという人は、副業や週末起業という手段で営業にトライしてみることです。

まだ自分はトライするステージではないと思う方は、セミナーや本で勉強するところから始めてください。

二つ目は「時間管理力」です。

時間は誰にとっても一日二十四時間しかありません。この限られた時間を何のためにどのように使うのか、それが時間管理です。

時間管理というのは、目標設定と密接に関係しています。目標がハッキリし、その目標を達成するためにしなければならないことが明確になっていれば、自ずと時間を割り振る優先順位が決まってくるからです。

もしもダラダラと時間を過ごしているようならば、それは目標がまだ明確になっていないということです。

この時間管理に関する細かいテクニックは、第7章で「タイムマネジメント十七の戦略」として触れますので、目標設定と合わせて、再度チェックしてみてください。

そして三つ目が「短縮発想法」です。

普通の発想をしていたのでは、短期間でビジネス力をアップさせることはできません。

では、何を基準に発想を変えていけばいいのでしょうか？

私がやってきたのは、**どうやったら今まで一か月かかってやってきたことを十日間でできるようになるか、その方法を考える**ということです。

三十日かかることを十日でやってしまおうというのですから、当然今までの方法ではできません。

人は日々成長しますので、少しずつは早くすることができます。企業でも売り上げ目標として、前年比一二〇％増という数字を掲げます。しかし三十日を十日で、というのは、成長率三〇〇％という、ちょっと常識はずれな数字です。

ところが、その**常識はずれの大きな目標を掲げることが、近道を見つけるコツでもある**のです。

私が以前、コピー機の販売ノルマが月間十二台というときに、勝手に二十五台と目標設定し、二十台以上売り上げたのも、ベースとなっているのはこの短縮発想法です。

一二〇％の成長でも自分でむずかしいと思ってしまったら、それはもう達成できません。三〇〇％の成長でもできると信じれば、近道が見つかってできるようになるのです。

このように、つねに次元が違うくらい大きな目標を設定して、人とは違った「近道」を探すこと。これが短縮発想法のコツです。

小さな世界で一番になれ！

ビジネス力をある程度、身につけた人が次に進むべきステップは何だと思いますか。

それは、一番になることです。

二番ではダメです。なぜなら一番と二番では天と地ほどの違いがあるからです。

「一番になるなんて、無理だ……」

もちろん、一番になるのは大変なことです。でも、ちょっとした工夫をすることで、一番になる道があるのです。

それは、「有能の輪」を磨きに磨いて「特化」することです。

たとえば、保険のセールスマンでナンバーワンになるのって大変ですよね。

でも、自分の有能の輪を磨いて、さらに「特化」という近道を選べば、三年でナンバーワンになれるのです。

それはこんなやり方です。

「絵」が好きな一人の保険セールスマンがいました。営業の才能は平均点、頑張って中の上というところです。しかし、彼は「絵」という自分の有能の輪を磨いて、トップセールスマンになって成功しました。

彼が売っていたのは保険です。絵ではありません。

でも彼は、自分の得意分野である絵を誰よりも一生懸命に研究したのです。もともと絵は大好きな分野ですから、覚えるのも早いし苦にもなりません。

そして彼は、自分と同じように絵を好きな人だけをお客様にしていったのです。趣味の同士をもっている人ならわかると思いますが、絵が好きな者同士なら、それだけでセールストークが盛り上がります。

さらに、彼は勉強していますから、お客様の欲しがる絵の情報を提供することができました。これによって信頼や紹介というより大きなものが手に入ったのです。

結局、彼は、絵で自分を特化して大口のお客様を落とし、その人の紹介によってトップセールスマンになったのです。

もう一人、開業医に特化することで成功した保険のセールスマンの例を挙げましょう。

彼は三年間頑張っても中の下から抜け出せない保険のセールスマンでした。

なんとかしてトップになりたいと思い、考えた末に彼はターゲットを開業医に絞って、徹底的に研究したのです。

開業医は何時ごろ起きて、どういう雑誌を読んで、どういう趣味をもって、所得はどれくらいで、どういう悩みをもっているのか。とにかく二年の歳月をかけて、徹底的に開業医のことを調べたのです。その間はもちろん成績は中の下のままです。

そんな彼が二年たって、開業医のマーケットに入っていったら、わずか三年でナンバーワンになったのです。

彼が焦点を当てたのは、開業医に特化した節税のための保険の提案でした。

開業医は忙しくて税金のことを考える時間がない。そのために税金をたくさん取られているという点に目をつけたのです。この点にスポットを当てて、節税に適した保険とファイナンシャルプランニングのサービスを行いました。彼はそうしたものをまとめたレポートまでつくってセールスのたびに置いていったので、開業医の間で「彼と会うだけでもメリットがあるし、保険に入れば年間三百万円も節税できる」と大評判になったのです。

彼の成績は、これによって飛躍的に伸びました。ある大学病院など、職員の三分の一が彼の顧客となり、その大学を卒業した医者の全員が彼から保険に入ったといいます。

この二人の例からわかるように、特化するポイントというのは、専門をさらに狭めて、そこを徹底的に研究し、その情報をもとにターゲットのニーズを誰よりも満たすものを提供するということです。

いうなれば、**競争相手がいなくなるくらい、マーケットを狭める**のです。そして、その小さな世界で一番となり、大きな成果を上げていくという寸法です。

「そこ」に嫌いなことは含まれていないか

自分のスウィートスポットを狭めて特化していくとき、気をつけなければいけないことが一つあります。

それは、そこに苦手な部分、嫌いな部分が含まれていないか、ということです。

スウィートスポットというのは、たしかに好きで得意でワクワクできることなのですが、ビジネスに結びつけたときに、そこに本当はしたくないものを入れてしまい、失敗してしまう人がいます。

こんな人がいました。

彼はゴルフが大好きでした。

でも、プロゴルファーになるほどの才能はありません。そこで考えた末に自分の有能の輪であるゴルフに関する知識を活かして、中古のゴルフクラブを扱うフランチャイズ店を始めたのです。

有能の輪を磨いてビジネスにしたのですが、彼の場合はうまくいきませんでした。

なぜだと思いますか？

じつをいうと彼は、接客が苦手だったのです。

ゴルフクラブを人に売るのが商売なのに、人とコミュニケーションすることが嫌いなので、ストレスがたまって苦しくて仕方なくなってしまったのです。そんな状態でビジネスが成功するわけがありません。

有能の輪は磨いていたのです。ゴルフやゴルフクラブに関する知識もたくさんもっていたのです。でもそれを人に伝えることが、彼には楽しめなかったのです。

ですから自分は何が好きなのかということを、もっと深く知っておかなければダメなのです。

同じゴルフ関連の仕事をするにしても、彼は人とのコミュニケーションを必要としないビジネスを考えるべきでした。

自分にとってやりたいこと、好きなことを知るのと同じぐらい、自分のしたくないことを知っておくことも大切なのです。

キャッシュポイントを三つつくるのが起業の秘訣

自分の有能の輪を磨き、スウィートスポットを特化していけば、五年で年収を三倍にすることも、じつはそれほどむずかしいことではありません。

そのためには、「キャッシュポイント」というものを上手につくる必要があります。

キャッシュポイントというのは、お金の入ってくる窓口のことです。

このとき大切なのは、**起業する最初の時点で、小さくてもよいからキャッシュポイントを三つつくる**ということです。

その三つは、すべて自分の有能の輪と関連しているのですが、収入源はすべて異なるものでなければなりません。収入源が異なるというのは、クライアントをたくさんもつということではありません。ビジネスとしての展開の方法を三つ以上つくるということです。

たとえば私は独立したとき、人材紹介（ヘッドハンティング）、ソフト販売、コンサルタントという三つのキャッシュポイントをつくりました。すべて私の有能の輪である「営業力」を活用したビジネスですが、ビジネスパートナーもクライアントもすべて違います。

最初はどれが伸びるかわかりません。

正直に告白すると、私は人材紹介ビジネスがいちばん成長すると思っていたのです。それだけにお金もかけ、七割の時間を割きました。でも結果はというと、そこからの収益がゼロだったのです。

そして、自分では自信のなかったコンサルタント業が爆発的に伸びていったのです。

ですから、もし私が「行ける」と思っていた人材紹介業一本で独立していたら、とっくの昔に失敗していたのです。

でも、起業で失敗する人の多くはこのタイプです。

たとえば料理が得意な人が、レストラン一本で起業したら、お店にお客様が来なければ、それでもうおしまいです。残るのは出店にかかったローンだけ、という悲惨なことになってしまいます。

でも、レストランと同時に料理教室を開き、オリジナルのドレッシングを販売するなど、三つ同時並行で始めていたらどうでしょう。

どれが当たるかというと、自信があるものが当たるとはかぎらないのです。お店がダメで料理教室が当たるかもしれません。

「まさかここが伸びるとは思わなかった」という話を成功者からよく聞きます。実際、私自身もそうでした。

小規模なもので始めれば、三つ同時にこなすことは可能です。それにどれも切り口は違いますが、すべて一つの有能の輪を活用したビジネスです。

最初は小さくてもいいので、三つのキャッシュポイントをつくること。そして伸びてきたビジネスに力を注ぐように、途中からシフトを変えていくのが起業で加速成功するコツなのです。

第5章

「できない」ことでも「できる」と確信せよ！

学生時代に教わった「成功六か条」

大学のゼミの友人たちと、久しぶりに会って話をしたときのことです。

旧友たちが私にいいました。

「道幸《どうこう》、なんでおまえはうまくいったんだよ?」

「親から会社を受け継いだの?」

「ラッキーだよな」

友人たちは、大学卒業後、それぞれ就職した会社でサラリーマンを続けていました。給料が上がらないと嘆く人もいれば、最近ボーナスが出なくなって苦しいという人もいました。同じ大学の同じゼミで学び、同じようにサラリーマンとしてスタートを切ったのに、卒業後八年で生活は大きく違っていました。

私は彼らの質問に答えました。

「いや違うよ。僕が成功したのは、先生から教えてもらった成功六か条を信じたからだよ」

友人たちは首を傾げました。

「成功六か条？　そういえばそんなのがあったなあ」

私と旧友たちを分けたのは、じつはこの成功六か条を信じたか信じなかったか、たったそれだけの違いだったのです。

私が所属していたのは、商学部の森岡正憲教授のゼミでした。

当時、伊藤忠商事の顧問をしながら大学の教授をしていた森岡先生は、私が出会った二人目の成功者です。

ブラジルでI氏と出会い、成功哲学に目覚めた私を導いてくれたのが、恩師の森岡先生でした。どのような場面でも決して否定的な言葉を口にはしない、とても素晴らしい先生です。

教育畑だけを歩いてきた教授と違い、実学の世界で成功を収めてきた森岡先生は、成功者の具体的なイメージを私に示唆してくれました。そして、本の読み方、勉強の仕方から、経営者はどのように意思決定するのか、成功者はどのように人を使うのかなど、経験者でなければわからないこともたくさん教えてくれました。

その森岡先生が、私たちゼミのみんなに教えてくれたのが「成功六か条」です。

成功六か条

一、いかなることがあっても、物事を肯定的に考える。

二、つねに、一歩でも、二歩でも、前進することを考える。そのために、努力することを惜しまない。

三、いかなるときでも、人生に対する明確な目的意識をもちつづける。

四、自分を信じ、他人の否定的な言動に惑わされない。

五、大事に直面して、失敗を恐れない。必ず成功すると確信する。

六、将来の望ましい自分の姿をつねにありありと、微に入り、細にわたり、想像する。そうすると、想像どおりの人となると確信する。

森岡先生が、成功者に共通する特徴をまとめたというこの「成功六か条」。

私はこれを信じ、毎日唱えてきました。

目につくところに貼り、一人で唱え、経営者となってからは会社の中でも唱和するシステムをつくりました。

だから、私は営業マンとして成功したし、独立しても成功したのだと確信しています。

何をやってもダメだった私の転換点

よい言葉に出会っても、成功できる人とできない人がいます。

「この違いはどこから来るのか」というのは、自分のスタッフやクライアント先など、数多くの人の成長に関わるようになった私にとって、とても大きな問題です。

私は現在、メールマガジンを除き、何らかのかたちで直接関わっているだけで、約百五十人の人に、人生をよくするためのアドバイスをしています。

その中には、すぐに成功する人もいれば、半年たっても少しも変わらない人もいます。

その違いは、その人が過去にどのような経験をし、その経験がどのような情報として受け入れられているかに関わっているようです。つまり、過去の成功体験と失敗体験を、どのように解釈しているかによって違ってくるということです。

では物事の解釈の違いは、何によって生じてくるのでしょうか？

このことを考えるうえで、「大酒飲みの父親をもつ二人の息子」というとてもおもしろい話があります。

あるところに、大酒飲みのどうしようもない男がいました。

男には双子の男の子がいました。

男の子たちは、父親が毎日酒を飲んでは母親に暴力を振るうという劣悪な環境で育ちました。

この双子の兄弟は、大きくなって別々の道を選びます。

一人は弁護士になり、もう一人は父親と同じ大酒飲みになったのです。

同じ環境で育ちながらまったく違う選択をした二人に、なぜ今の道を選んだのかとインタビューすると、同じ答えが返ってきました。

「そんなのあたりまえじゃないか」と。

弁護士になった息子は、「父親があああだったから、僕は将来、自分と同じ環境で苦しむ子供たちを助けたいと思って弁護士になったんだ」といいました。

一方、大酒飲みになった息子は、「父親があああだったんだから、僕も同じようになってしまったのさ」といったのです。

この話からもわかるように、未来は環境によって決まるわけではありません。

一つの物事から何を感じ、何を信じ、何を選ぶのか。それは本人の資質だという人もいます。

でも、この違いを本人の資質によるものだとは、私は考えていません。

それは私自身が、極端なネガティブ思考からポジティブ思考に転換した経験をもつからです。

私は十八歳まで、自分は何をやってもダメな人間だと思っていました。

事実、何をやってもうまくいきませんでした。

スポーツもダメ、勉強もダメ、音楽もダメ。ダメなことばかりだったために、いつしか自分で何かをやろうと思っても、つねに不可能をイメージするようになっていました。

でも、ブラジル留学中に、成功者であるI氏と出会って気づいたのです。

「できない」と考えているからできないのであって、「できる」と考えればできるのだと。

このことに気づいたことによって、私の中で考え方のシフトが起こりました。私の人生はこのときを境に、百八十度変わったのです。

いいですか。大事なことなのでもう一度いいます。

「できる人」と「できない人」の違いは、「できる」と考える人か、「できない」と考える人か、そこにあるのです。

「言葉でいうのはかんたんだけど、実際やるのは大変だよ」

多くの人はせっかく本を読んで、人生を成功に導く知恵に出会っても、自分にはできないと考えがちです。

でも、そんな人に私はこういいます。

「言葉でいうのはかんたんなんだから、まず言葉で唱えてみるといいですよ」

三十一歳の若造である私が成功者に仲間入りできたのは、大学のゼミの先生が教えてくれた「成功六か条」を、ただ毎日欠かさず唱えてきたからだということを思い出してください。

そうです。言葉は力であり、また、継続は力なのです。

シュワルツネッガーがスターになれたのはなぜか

森岡先生の「成功六か条」は、先生が数多くの成功者を研究し、彼らに共通する特徴を六つにまとめたものです。しかし、これをよく読むと、すべての条文がある一つの力から派生していることがわかります。

それは、自分の願望実現を信じる力です。

自分の願望は実現すると信じているから、何があっても物事を肯定的に考えることができるのだし、努力も惜しまずできるのです。

人生の目的意識をもちつづけられるのも、他人の否定的な言動に惑わされないのも、すべては自分の願望は必ず実現すると信じているからです。

私はこの願望実現を信じる力の大切さを「アーノルド・シュワルツネッガー理論」と呼んでいます。

映画『ターミネーター』シリーズなどで有名なハリウッドのアクションスター、アーノルド・シュワルツネッガー。現在はカリフォルニア州知事に就任していますが、映画の出演料は一本三千万ドルというハリウッドでもトップクラスの大スターです。

そんな彼も、俳優になった当初は出演作がまったく当たらない三流俳優でした。二本目の映画も三本目の映画もまったく売れなかったのです。

そんなとき、一人の新聞記者が、彼にインタビューをしました。

「あなたは何を目指しているんですか?」

「おれはハリウッドのドル箱スターになるんだよ」

彼の答えに新聞記者は思わず吹き出してしまいました。というのは、筋肉隆々の彼は当時の映画スターとしては不格好とされ、演技も下手だといわれ、人気が出るようになるとはとても思えなかったからです。

新聞記者はたまらず、あなたは三作やったけど、一本も当たっていない、それでスターを目指すなんて無理だといいました。

でも、アーノルド・シュワルツネッガーは揺らぎませんでした。

「いや、おれはスターになるよ。かんたんだよ。だっておれはボディビルでチャンピオンになろうと決めて、イメージしてチャンピオンになったんだ。

やり方は同じだよ。今は、一千万ドルスターを目指して毎日努力しているんだ。毎日イメージしているからおれはスターになるんだよ」

このインタビューの四年後、彼は一千万ドルスターになっていました。

新聞記者は驚いてもう一度インタビューを申し込みました。

自分が笑い飛ばした売れない俳優が、わずか四年で宣言どおりトップスターになり、自分は相変わらず、新聞記者を続けていたからです。

シュワルツネッガーは笑って答えました。

「いっていたとおりだろ。おれはイメージして、信じて、努力をしたんだ。スターになって当然だよ」

この二度のインタビューはその後の新聞記者の人生を変えました。新聞記者の名はスティーブ・チャンドラー。彼はこれを機に、かねてからやりたいと思っていた自己啓発ビジネスに取り組み、アメリカで大成功を収めたのです。

シュワルツネッガーの言葉から学べるのは、**何かで目標達成したという経験は次に生きる**ということです。

ヨーロッパのある財閥の当主は、成功の理由を聞かれて、「若いとき、軍隊で暗号解読に取り組み、成功した経験があったからだ」と答えています。

彼は軍隊で暗号を解読する仕事をしていたとき、この暗号が解読できなければ、家族も祖国も失ってしまうという危機に直面したことがありました。暗号の解読は一人で行うものではありません。彼もチームの一人として取り組んでいたのですが、期限が迫ってきているのにどうしても解読できない。徹夜作業が続き、チームメイトがみんなあきらめても彼だけはあきらめませんでした。自分は解読できると信じて、作業を続けたのです。

その結果、ギリギリのところで解読に成功し、祖国と家族を救うことができたのです。

彼は、この経験が自分の財閥としての成功にもつながっているといったのです。

実際には財閥の経営に暗号解読経験は何の役にも立ちません。彼がいいたかったのは、成功を信じて成し遂げたという経験が、「願望実現を信じる力」として役立ったということです。

願望実現を信じること、それは成功するうえでもっとも重要なパーソナルパワーだと私は思っています。

私がある師匠からもらった言葉に「**トップセールスマンは、トップセールスマンになる前からトップセールスマンだ**」というものがあります。

どういう意味かわかりますか？

これは、トップになる人というのは、すでにやる前からトップになると決めてイメージしているということです。

トップセールスマンになると確信したら、なってしまう。

これはアーノルド・シュワルツネッガー理論と同じです。シュワルツネッガーはこの「確信」を大スターになるのに使い、私はそれを所得十倍に使っただけです。

千六回目の交渉で「イエス」を勝ち取った男

自分の成功を確信して成功した人はたくさんいます。

日本でもおなじみのケンタッキー・フライドチキンのオーナー、カーネル・サンダースも自分の成功を確信して成功した人の一人です。

彼は六十六歳のときに倒産し、すべての財産を一度なくしています。ケンタッキー・フライドチキンを成功させたのは、その後のことなのです。

当時、彼は家を失い、車で暮らしていました。

何もかも失ったなかで、彼はフライドチキンの製法とフランチャイズシステムを販売するというビジネスを考えつきました。

しかし、当時はノウハウにお金を払うという前例がない時代です。彼がいくら説明してもこのビジネスの素晴らしさを認めて買ってくれる人はいませんでした。

どこへ行っても彼は断られつづけたのです。

しかし、何百回断られても、彼は自分の中の確信を失いませんでした。

そして千六回目の交渉で、やっと初めての「イエス」にめぐり合ったのです。

それからわずか一年後、ケンタッキー・フライドチキンの店舗は百五十店にまで増えていました。

彼がもし千五回の断りを受けてあきらめてしまっていたら、今の成功はなかったのです。

自分の成功を確信すると言葉でいうのはかんたんですが、心から確信するのはかんたんなことではありません。さらに、苦境にあってもそれに負けず、確信しつづけることはもっと大変です。

確信を維持しつづけるには、三つの観覧車のところで触れたように、自分を肯定する根拠をたくさん見つけること。そして、「成功六か条」のようなエネルギーに満ちた言葉を唱えることによって、潜在意識に働きかけることが大切です。

では、確信がどうしてももてない人はどうすればいいのでしょうか?

願望達成を確信するには、「実績」をつくることです。

実績は、自分が努力して達成したことなら何でもかまいません。

アーノルド・シュワルツネッガーの場合は、ボディビル大会での優勝経験でした。

ヨーロッパで財閥をつくった人の場合は、暗号解読の経験でした。

三つの観覧車のところで、達成できる根拠として中学時代に陸上で三位になったと書いた人の例を挙げましたが、これも彼にとっては大切な「実績」だったのでしょう。

目標達成のスキルとして三つの観覧車をつくり、いちばん小さな観覧車さえ回してしまえば、中ぐらいの観覧車も大きい観覧車も自然と動き出すといいましたが、それはこの小さな観覧車が成功体験という「実績」になるからです。

人生の転機となった「三日間の徹夜」体験

私にも振り返ると、「あの成功体験があったから」と思える、小さいけれどとても重要な意味をもつ成功体験があります。

それは私が大学一年生のときのことです。

大学入学当初の私は、浪人しても志望大学に入ることができず、自分はダメな人間だという思いに支配されていました。

私の大学では数か国語の中から履修する語学を自由に選択できるシステムになってお

り、私は第二外国語にポルトガル語を選択しました。

ポルトガル語を選択した理由は、大学生ならよくあるように、先輩からポルトガル語ならラクに単位がもらえると聞いていたからです。

ところが、私の年からポルトガル語の先生が替わってしまったのです。先生は二人いたのですが、一人の先生がとても厳しい人で、成績の悪い者は容赦なく落とすと最初の授業で宣言されたのです。当てがはずれた私は真っ青になって学生課に履修科目の変更を申し入れましたが、認めてもらえませんでした。

テキストは高いし、授業を聞いてもわからないし、このままでは単位を落として進級できなくなる。一年浪人してやっと大学に入ったのに、最初の一年目から留年したのでは、学費を出してくれている親に顔向けできません。

何としてでも、せめて「可」は取らなければ……。

その恐怖から私はテスト前の丸三日間、生まれて初めて徹夜で勉強したのです。眠くなったら濃いコーヒーをガブガブ飲んで、体を壊してでもこの三日間だけはと思って、勉強しつづけたのです。

テスト当日、なんとか解答欄はすべて埋めましたが、果たしてそれが合っているのかどうか、まったく自信がありませんでした。赤点だけは免れてほしいと、本当に祈るような気持ちでした。

ところが、です。新学期になってテストの合格者と追試者が発表になったとき、先生が「この前のテストで満点を取った者が一人いる」というのです。「へぇー、すごいヤツがいるもんだな」と呑気《のんき》にかまえていたら、なんとそれが私だったのです。

そして驚いたことに、ポルトガル語のもう一人の先生であった高橋先生の授業のテストでも、私がトップの成績でした。

さらにびっくりしたことに、その高橋先生が、なんと私をブラジルとの交換留学生に推薦してくれたのです。高橋先生の導きにより、私は人生で初めて成功体験というものを実感することができました。

私の今の成功は、じつはこの小さな成功体験から始まっているのです。あの三日間の徹夜がなければ、そして高橋先生が私を交換留学生に選んでくれていなければ、私はブラジルで恩師となるI氏に出会うこともなかったのですから。

そういうわけで高橋先生には、今でも感謝の気持ちでいっぱいです。

勉強した動機は、単位を落としたくないという恐怖心が半分、そしてあと半分は、先生方のポルトガル語に対する強烈な熱意が私に伝わったからでした。二人の先生方の気迫が、ダメな人間だという思いに支配されていた私に火をつけてくれたのです。

未来を確信する力が現実をつくり変える

アメリカのトップアーティスト、マドンナも自分の成功を確信しつづけて成功した人物の一人です。

彼女はまったく無名のときから、仕事は主役しか受けないと決めていました。

彼女はもともとアダルト系の作品に出演していました。

ある日、メジャー系の映画の仕事のオファーが来たのですが、彼女は断ってしまいました。なぜなら、彼女が主役ではなかったからです。

アダルトからメジャーへのステップアップはかんたんなことではありません。多くのアダルト女優が、メジャー作品に出演する機会を待ち望んでいるのです。「主役ではないから」という理由で、メジャー作品への出演を自ら断るアダルト女優など、まずいないでしよう。

でも彼女は、自分が出るのは主役だけと決めていたので、断ったのです。

それから一年間、彼女にチャンスは訪れませんでした。

しかし、信じつづけ、待ちつづけた彼女は、一年後にある映画で主役のチャンスをつかみ、成功への階段を駆け足で登っていったのです。

ソニーの盛田昭夫氏（故人）も、自社の成功を確信しつづけた経営者です。

彼が自社の自信作である世界最小のトランジスタ・ラジオの売り込みにアメリカに渡ったのは、ソニーが東京通信工業といっていた時代です。

盛田氏は米国の小売チェーン、シアーズロバックに、自社のトランジスタ・ラジオをアメリカで販売したいともちかけました。その会社は製品の素晴らしさは認めてくれました。

しかし、知名度のない日本社製品として売ることはできない、うちの商品とするなら扱ってもいいと条件を出してきたのです。

シアーズロバックは全米に販売網をもつ巨大企業です。シアーズロバックが売ってくれれば、社名こそ出ませんが、膨大な利益が入ることは確実でした。

でも、彼はその条件を退け、自分でマーケットを開拓してでも自社ブランドで売ることにこだわったのです。

そして、盛田氏はアメリカ進出からわずか三年で、ＳＯＮＹを全米に知られるブランドの一つにまでしたのです。

マドンナも盛田氏も、自分は絶対にこれで行く、それ以下のものが来てもやらないと決めて押し通すことができたのは、まだ実現していない将来の自分の成功を確信していたからです。

本当のブランドは、強いものに媚《こ》びたりしません。ただひたすらに、自分の未来を信じ、自分の選択を信じ、成功を確信しつづけるのです。

彼らが、その確信どおり、一流のブランドになったのは当然の帰結といえるでしょう。

未来は過去の延長線上にあるのではなく、自分の頭の中にあるからです。

信じれば、イメージは必ず現実のものとなります。

その揺るぎなき確信こそが、たゆまぬ努力を支え、あなたを加速成功へと導いてくれるのです。

第6章

「失敗しない」は大失敗であることに気づけ！

勉強二〇%、行動八〇%のエネルギー配分

成功プログラムを購入する人、成功哲学の本を買う人、みんなこれで成功するぞと思ってお金を支払っているのですが、買った人のすべてが成功しているわけではありません。

さまざまな成功プログラムを次々と熱心に学んでいるのに、ちっとも成功しないという人もいます。

本が悪いわけでも、プログラムがいい加減なわけでもありません。

では、なぜそんなことが起きるのでしょうか?

答えはかんたんです。

そういう人は成功哲学のマニアになってしまっているのです。

情報をたくさん収集して、勉強だけは人一倍しているのに、「学んだことを実践する」というもっとも基本的な部分がスッポリ抜け落ちてしまっているのです。

どんなにたくさん勉強しても、実践しなければ、勉強しないのと同じです。

私はたくさんの本を買い、さまざまな成功プログラムを勉強していますが、それをはる

かに上回る量の実践をつねに心がけています。それは、短期間で加速成功するためには、学んだこと、つまり、「仮説」を実践という「検証」によって、自分の現実に落とし込んでいくことが必要だと考えているからです。

しかもそのエネルギー配分は、勉強が二〇％で、残りの八〇％を行動に費やすというくらいでちょうどいいと思っています。

それほど行動は大切です。

私は現在も、週の目標（ゴール）を設定し、それに向けてトライするという日々を送っています。もちろんゴールは週ごとのものだけではありません。一年後、五年後、十年後という中長期の目標にも同時にトライしています。

つまり、実践の数と量と質、これらが圧倒的に多いと成功が加速されるのです。

勉強しているのに成功しないという人は、アクションが足りない可能性があります。本を読んだり、セミナーに参加することは大切ですが、そこで止まってしまっては意味がありません。そこから一歩、実践に踏み出す勇気が必要なのです。

もしあなたが起業で成功したいと思うなら、ホームページのつくり方を勉強するよりも、自分で実際に商売を始めてみることです。一週間以内に一万円稼ぐという経験からは、たんに知識を増やすよりはるかに多くのことが吸収できます。

しかし多くの人は、こうした小さな行動を嫌がります。

なぜ行動できないのかというと、やはり怖いのだと思います。

行動に移せない人というのは、安全なテキストが欲しいのです。これさえやれば間違いなく、リスクもなく一万円稼げるというものを求めているのです。

でも、そんなものはありません。

行動を伴わない成功など存在しないのです。

恐怖を情熱に変えるかんたんなやり方

行動するのは、たしかに勇気のいることです。

とくに成功体験が少ない人にとっては、行動は怖いことだと思います。

よく「道幸《どうこう》さんには怖いものなんてないんでしょう」といわれますが、そんなことはありません。私だって恐怖を克服しながら行動してきたのです。

私がよく使っている恐怖克服法は、「ルービックキューブ方式」と私が勝手に名づけたものです。

ルービックキューブというものを知っていますか？

ルービックキューブというのは、世界的に大ヒットした正六面体の立体パズルです。

正六面体の各面は九個の小キューブに分割され、九個の小キューブは縦横三個ずつ各面に移動できるため、縦横ランダムに回転させると、最初は面ごとにきれいに色分けされていた小キューブが、六色バラバラに各面に散らばります。この各面にバラバラになった小キューブを元のように一面一色になるようにそろえるのが、ルービックキューブの遊び方です。

このルービックキューブのように、自分の中にあるさまざまな思いを整えることによって恐怖を克服し、行動力を引き出すのが「ルービックキューブ方式」です。

人間が行動するときに感じる恐怖は、ほとんどの場合、根拠のない恐怖です。

つまり、その行動によってどれだけのリスクや困難に出会うかわからないことが怖いのです。リスクがわからないから怖いということは、リスクを明確にすれば恐怖は小さくなるということでもあります。

では、この方法を使うと、どのようにリスクが明確になっていくのか、どのような思考プロセスを経て行動に結びつけていけるのか説明しましょう。

たとえば、あなたが五千人の聴衆を集める大きなイベントをプロデュースしているとします。そして、イベント当日まであと一週間というギリギリのときを迎えています。

ところが、その時点で集客できていたのは目標の半分以下の二千人。普通なら、気づくのが遅すぎたといってあきらめたくなるような状況です。一か八か手を打って、追加の宣伝費を投入するか、それともこのまま当日を迎えるか、あなたは決断しなければなりません。なぜなら宣伝費を投入すると、さらに損失が大きくなるリスクがあるからです。

では、「ルービックキューブ方式」を使ってどのように考えていくのか、説明しましょう。

まず最初に、ルービックキューブの六つの面に倣って、そのときの状況を異なった六つの面でとらえるという作業です。

まず第一面は、「半分しか集客できていない。このままではヤバイ」という現状の把握です。ネガティブな状況ですが、現実は現実として受け入れなければなりません。

第二面は第一面の逆転発想です。「残り三千人の可能性が残っている。その枠を埋めるためにできることをしよう」と考えるのです。

第三面は第二面をポジティブに発展させます。たとえば、「千人を無料招待するというよいアイデアを思いついた。これなら確実に千席が埋まる。この千人は、今回のイベントの収益には結びつかないが、将来の利益につなげる方法を考えよう」と発想を展開します。

第四面、第五面は同様に、さらによい連鎖が起きた場合を考え発展させていきます。「あと千人集客すれば黒字になる。インターネットを使いターゲットを絞ってあと千人集めよう」「このイベントを成功させれば、業界での自分の実績になるし、将来自分が大きなイベントをするときのパワーになる」といった具合です。

そして最後の第六面で、最悪のシナリオになった場合を考えます。「このまま集客数が伸びなければ、イベントは赤字になり、業界での信用も落ちる。今後の仕事にも影響が出るだろう」。

こうして六面すべてを踏まえたうえで、集客するための行動を起こすのか起こさないのか、自分に決断を迫るのです。

もう一度、整理しましょう。

第一面――現状の受け入れ（マイナス感情の受け入れ）

第二面——第一面の逆転発想

第三〜第五面——思い切った展開発想（ポジティブな展開）

第六面——最悪のシナリオ

これをネガティブとポジティブに分けると、第一面と第六面がネガティブ、第二〜第五面がポジティブとなり、二対一の割合で、ポジティブな面が多くなるのです。しかも最悪のシナリオを踏まえたうえでの二対一です。

ポジティブな面のほうが多く、リスクが明確になれば、動いたほうが成功するという確信が生まれます。だから、この状態でやるかやらないかと決断を迫れば、一〇〇％「やる」という答えを引き出すことができるのです。それに、漠然としていたリスクが明確になることによって、最悪の場合でもこの程度だと覚悟ができます。

人の心の中には、さまざまなものが混沌《こんとん》とした状態で詰まっています。マイナス感情や恐怖心、前向きな思い、斬新《ざんしん》なアイデア、そして願望や夢。複雑に混じり合ったそれらの思いを、ちょうどルービックキューブを解くように、一つずつ色分けし、整理していくと、自分の心の中が明確に見えてきます。

「ルービックキューブ方式」は、ぐちゃぐちゃになっている自分の心の中を整理して明確化する作業なのです。

明確化は力です。

心の中をすっきりと明確化することによって、根拠のない恐怖を振り払うことができ、行動に踏み出すことができるのです。

大砲とビデオテープで恐怖を消し去る方法

私は今、一日に二回は倒産しています。

正確には、倒産するイメージを頭の中で描いているのです。

イメージしたことが現実になるという成功哲学の王道からいくと、矛盾しているようですが、じつはこれが私のもう一つの恐怖克服法なのです。

私は成功してまだ二年です。今は順調に行っていますが、ビジネスをしている以上、リスクがないわけではありません。当然、最悪の場合として、倒産する可能性もあるのです。

そういう恐怖が自分の中にあるのに、強引にポジティブなイメージだけを描こうとすると、そこには無理が生じます。第3章でも述べましたが、心から同意できなければ、願望は達成できません。

そこで、自分の中にあるネガティブなものを、一度すべて出し切ってから、ポジティブなイメージを上書きするという方法を私は取っています。

私の頭の中には、一台のビデオデッキと、数本のビデオテープが置かれています。最初に、そのビデオテープの中から「倒産」というタイトルのテープを選び、ビデオデッキに入れ再生します。

楽しい映像ではありませんが、B級映画だと思って、冷静に最後まで見ます。見終わったら、「倒産」のテープをビデオデッキから取り出し、元の位置に戻し、今度は「成功」と書かれたお気に入りのテープをビデオデッキに入れて再生ボタンを押します。

このテープには、ものすごくカッコイイ自分が大活躍して成功していく映像が、これでもかというほど詰まっています。

この一連のイメージトレーニングによって、最悪のケースを冷静に受け入れつつ、ポジティブな気持ちへと切り替えることができるのです。

「倒産」のテープをビデオデッキから取り出すとき、自分の中の恐怖も一緒に取り出すことができます。これは取り出すだけです。捨てなくていいのです。そして、お気に入りの「成功」のテープを楽しみながら見るのです。

それでも恐怖が完全に消えないときは、「大砲」を使います。

この場合もイメージの力を使います。

まず自分の中にある恐怖感やネガティブな思いを全部、黒い砲弾に固めてしまいます。そしてその弾を大砲に詰めて「ドン！」と撃ってしまうのです。

弾が飛んでいく先にあるのは広い海です。弾は静かに海の底に沈んでいって見えなくなります。

まだ恐怖が残っていれば、またそれを弾にして大砲で撃ちます。

恐怖が出てこなくなるまで、これを繰り返します。

この大砲を使うイメージトレーニング法は、じつは私のオリジナルではなく、子供がネガティブになったときの解決法として、子供向けの教育絵本に書かれていたものです。

おもしろいなと思って、自分のイメージトレーニング法に取り入れたのですが、想像以上に高い効果が得られたので、ぜひ試してみてください。

「ルービックキューブ方式」でリスクを明確にするという作業は、いうなれば左脳を使って理性的にリスクを認識する方法です。

一方、大砲やビデオテープは、右脳を使ったイメージングでネガティブな思いを取り除く方法です。

この二つの併用によって、行動に伴う恐怖感を消し去っているから、私はつねにアクティブな行動がとれるのです。

行動を伴わない学びはたんなる趣味にすぎない

ブラジル留学から帰国して出会った謝世輝先生の本によって、I氏から学んだことが普遍的な成功哲学であることを知った私は、さまざまな成功哲学本を買って片っ端から読みあさりました。そして読めば読むほどはまっていったのです。

本から多くの知識を得ました。

でも、それで実際の私の生活が変わったわけではありません。

何も行動していないのですから、当然といえば当然です。

そこで、仕入れたばかりの知識を実生活で検証してみることにしたのです。

最初に設定した目標は、大学を首席で卒業するというものでした。

私は一浪したぐらいですから、勉強が好きなわけでも人よりできるわけでもありません。それでも、落第するのではないかという恐怖感に駆られ、たった三日間勉強しただけで、ポルトガル語のテストで満点が取れたのです。もしかしたら、もっと勉強すれば首席で卒業できるのでは……、そんな「欲」が私の中に芽生えました。

首席になると、卒業生の総代として壇上で卒業証書を授与されます。「それってカッコイイな」と思ったのです。そこで自分が壇上にいるイメージを描きながら、毎日三時間ずつ勉強することにしました。

幸い当時の私には、勉強の習慣がついていました。これはブラジル留学中に、ポルトガル語で行われる授業についていくために、仕方なく始めたことですが、その習慣を続けることにしたのです。

中学、高校と受験に追われて過ごした日本の学生は、大学に合格するとやっと勉強から解放されたといわんばかりに遊びます。私が通っていた大学でも、勉強に情熱を傾けるようなヤツはほとんどいません。ですから、毎日三時間勉強した効果は絶大でした。

卒業式の日、私はイメージしていたとおり、壇上でみんなの注目を一身に受けて卒業証書を受け取ることができたのです。

初めての目標設定、そして初めての目標達成でした。

もう一つ、成功哲学を検証する絶好の場がありました。

就職活動です。

成功哲学の教えどおり、就職希望企業の名を紙に書いてもっていたら、そのすべてから内定をもらったということは、すでに触れたとおりです。

首席で卒業したことと、就職を希望した企業すべてから内定をもらったこと。この二つの成功体験が、「本に書かれていることは本当なんだ」という確信をさらに強めてくれました。目標を明確にし、設定すればかなうということを、自分の体験を通して、体感することができたのです。

卒業後の就職先が証券会社だったということも、仮説と検証を進めていくうえで幸いしました。

証券会社は実力の世界です。しかも個人の勝負です。同期も先輩も関係なく、単純に数字で勝敗が決まります。顧客を何人開拓したか、お金をいくら集めたか、短期間で結果が見えるのも証券会社の特徴です。

本やセミナーで学んだことを日々の業務で検証する。すると結果がすぐに数字となって現れるので、おもしろくなってもっと勉強します。そしてまた新しく仕入れた仮説を仕事の場で検証していくのです。こうしたインプット（仮説）とアウトプット（検証）の繰り返しに、私は夢中になって取り組みました。

だから私は、確信をもっていえます。

目標は紙に書けば実現します。

でも、期日を決めないかぎり、実現しません。

目標の達成を確信すれば実現します。

ただし、目標に心から同意できていないと実現は不可能です。

そして、いちばん大切なのは、目標の達成のために行動することです。

行動を伴わない成功はありえません。

行動を伴わない学びは、学びではなく、たんなる勉強マニアの趣味にすぎないのです。

障害や一時的な後退は成功の前触れである

目標の達成に向けて行動する際の「恐怖の克服法」をいろいろと述べてきましたが、じつは、行動するうえでもっとも大切なのは「障害や一時的な後退に何度も出会うことを知っている」ということです。

安全を求めた先に成功はないのです。

成功を目指して行動したとき、障害や一時的な後退には、絶対に何度も出会います。そのことをあらかじめ知っているのといないのとでは、障害や一時的な後退に出会ったときの対処方法や受け止め方が違ってきます。

いちばんいいのは、小さくてもいいから実際に逆境を乗り越える経験を積むことです。自分の中で、「あのとき苦しくてもあきらめなかったから、今の成功があるんだ」と思える経験が一つでもあれば、その経験を生かして新たな成功を勝ち取ることができるからです。

私にとっては、証券会社のときに定期券を落とした経験が、これに当たります。あのときあきらめずに、毎朝通勤路のオフィスに名刺を入れつづけたことが、トップセールスマンになるという成功につながりました。

じつをいうと入社した当初、同期の中で優秀な連中は新規開拓で数千万円の契約を取ってきているのに、私は彼らの足元にも及びませんでした。トップセールスマンどころか、最初は契約も取れないみじめなありさまで、お客様から断られる日々が続きました。

それはもう、「ノーの滅多打ちマシーン」といった状態でした。

私が幸せだったのは、「乗り越えられない障害はない」ということを、書物を通じて知っていたことです。だから、現状は辛くても、きっと乗り越えられると自分を奮い立たせることができました。

障害を乗り越えて成功した人の話を聞いたり読んだりして、擬似体験を数多く積んでいたおかげです。

千五回の断りに会っても決してあきらめなかったカーネル・サンダースの話や、主演映画が当たらなくても、大スターになる夢をあきらめずに努力しつづけたアーノルド・シュワルツネッガーの話など、障害を乗り越えて成功を手にした人の話はたくさんあります。

そうした本を読んで、たくさんの成功パターンを知ることが効果的です。

そして、決してあきらめないこと。

成功者は途中であきらめなかったから、成功者になれたのです。

リンカーンの話を知っていますか？

アメリカ史上もっとも有名な大統領となったリンカーンは、議員に四回落選して、二回倒産して、恋人の死や神経の病も経験しています。大統領になる二年前にも、彼はなんと副大統領に立候補して落選しているのです。

もし彼がそこであきらめていれば、彼の人生は「負け」で終わっていたかもしれません。

でも、リンカーンはあきらめませんでした。

あきらめなかったからこそ、歴史上に残る偉大なアメリカ大統領になれたのです。

成功者は決してあきらめないのです。

失敗しない人は必ず失敗する

勉強して、自分の有能の輪を磨いて、目標を設定して行動する。これはすべて成功するための努力です。しかし、どんなに努力を尽くしても、成功者への道を歩むかぎり、失敗との出会いは必ず訪れます。

失敗してあたりまえなのです。

失敗するから成長し、成功するのです。

大切なのは、失敗から何を学ぶかです。

一度の失敗からどれだけ多くのことを反省できるか。

失敗してあきらめてしまう人というのは、その失敗から何も学べなかった人といえます。

私はホンダの創業者、本田宗一郎の「進歩とは反省の厳しさに正比例する」という言葉が大好きです。この言葉が教えてくれるのは、反省の厳しさに向き合うことの大切さです。

失敗して落ち込んで、そこからたくさん学んで、それをすぐに改善し、次のアクションに活かしていく。

ですから、**短期間で加速成功するには、短期間でたくさんの失敗を経験していったほうがいいのです。**

「九十九の失敗の中に一つの成功がある」

これはユニクロの創業者、柳井正会長の言葉です。

こういう言葉が出るということは、いくつものトライを重ねているということです。失敗しましたが、ユニクロも野菜の販売などさまざまなことに絶えず挑戦しています。マスコミは失敗を評価しませんが、本当は失敗を反省することにこそ大きな価値があるのです。

反省するには、まずアクションを起こすことが必要です。

アクションを起こせば、必ず失敗はあります。

すべてにおいて成功する人など、世の中にはいないのです。失敗して、反省し、学んだことを次に活かすから成功するのです。

だから私は、失敗したことがないという人を信用しません。

なぜなら、**「失敗したことがない」ということはチャレンジしていないということであり、それこそ、取り返しのつかないくらい大きな失敗だからです。**また、「失敗したことがない」という人は、本当は失敗しているのに失敗を認めていない人でもあります。それはつまり、反省するチャンスを逃していることを意味します。厳しいいい方かもしれませんが、失敗しない人は必ず失敗すると私は考えています。

大切なのは自分を信じて、失敗を恐れず、行動しつづけること。そして、決してあきらめないで、仮説と検証を繰り返し、そこから学んでいくことなのです。

偶然を呼び起こす方法がただ一つある

発明王エジソンは、「発明に必要なのは努力が九九％で、残りの一％はインスピレーション（霊感）だ」というようなことをいっています。

これは死に物狂いの努力をしないかぎり、インスピレーションも湧いてこないということです。

この精一杯の努力をしている姿に、神様が味方してプレゼントしてくれるのが「偶然」だと思うのです。

神様に味方してもらうには、自分が望む結果を生み出す過程で、その過程そのものが、他人にとっても価値のあるものを生み出すことだと思います。

このことが「パワー」となり、偶然を引き寄せるのです。

ある成功者から、こんな話を聞いたことがあります。

その成功者をAさんとしましょう。Aさんは同じ年の友人Bさんから、次のようなことをいわれたそうです。

「君はいいよね。自分の才能に気がついて、独立して成功だもんね。僕は自信がないから転職なんかできないし……」

彼は高卒で大手の通信機器メーカーに就職し、工場勤務から始めて、その後は総務や年金を計算する部署など次々と異動させられるので「才能なんか見つからないよ」というのです。

でもBさんは、野球が上手で、会社のクラブの中で活躍しています。それはプロ野球で活躍できるほどの有能の輪ではありませんが、週末はクラブで充実した時間を過ごしていました。

「そこで満たされているのだから、それはそれでいいんじゃないか」とAさんはいいました。

そして、「もし本気で君がビジネスで自己実現したいと望むのなら、その野球を捨てて土日に勉強する必要がある」といいました。

なぜなら、Bさんは経理や年金に興味があるようなことをいうのに、Aさんが「401kって新しい年金プランがあるの、知ってる？」と聞いても「知らない」と答えたからです。

Aさんはちょっと厳しいかなと思いましたが、友人ですから正直に「だから成功しないんじゃないかい?」といったそうです。

普通に月曜日から金曜日まで働いて、土日は野球を楽しんで、それで「君はいいよね」というけれど、Aさんは成功するための努力をBさんよりもはるかにしているのです。

Aさんは土日も営業したし、成功するために寝る時間以外はすべてを惜しんで努力してきました。だから今があるのです。

真面目な努力といっても、与えられた仕事を一生懸命やるという程度ではダメなのです。そんな努力では何も見えてきません。

自分はサラリーマンだからとか、会社がこうだからとか、給料からすればこの程度とか、そうしたすべての外的要素を突き抜けて、全力で努力することが、私のいう「真面目な努力」なのです。

それはサラリーマンイズムに染まってしまっていては決して見えてこないものです。

目の前の仕事をこなすための努力ではなく、大きな夢のために今しなければならないことを自分で考え、死に物狂いで取り組むこと。そんな真面目な努力を続けていれば、いつか必ず偶然という大きなチャンスは訪れます。

低迷期が長い人ほど成功に近づいている

成功したいと真面目な努力を続けていたのに、途中であきらめてしまう人がいます。

五年で年収三倍と目標を立てて真面目に頑張ってきたのに、四年目になっても年収がほとんど上がっていないという現実に直面したとき、「このペースじゃもう無理だ」とあきらめてしまう人がたくさんいるのです。

私にいわせれば、これほどもったいないことはありません。

あと少しの努力で大爆発したのに……。

なぜ成功の直前であきらめてしまうのかというと、あとどのくらい頑張ればゴールにたどり着くのか、自分の現在地が把握できないからです。

もうゴールは目の前なのです。

見えていないだけです。

なぜそんなことを私がいい切れるのかというと、「成功への道は徐々に登っていかない」ということを知っているからです。

五年で収入が三倍になるとき、普通は少しずつ収入が伸びていって、三年目には二倍、四年目には二・五倍と増えていくと考えてしまいがちです。

しかし実際は違います。

最初はどんなに頑張っても、結果には現れてこないのが普通なのです。

三年ぐらいはよくても横ばいです。**神様は成功者には試練を与える**ので、成功に向かって努力しはじめると、むしろ最初はちょっと下がります。そして、四年目も前半の伸びはまだ小さく、後半の半年でグワッと一気に三倍まで伸びるのです。

このようにいったん下がり、低迷期を経て最後に一気に急上昇するというのが、成功への道筋です。

徐々に登っていかないから焦りも出るし、モチベーションもキープできなくなる。そしてついには成功を確信できなくなり、あきらめてしまうのです。

そんなもったいない人が、実際にはたくさんいます。

ですから、これから加速成功にチャレンジする人には、これだけは忘れずに心に刻んでおいていただきたいのです。

「成功に至る道は、長い低迷期を経て最後に一気に登り坂になる」

もし、あなたがすでに見えない努力を重ねてきているなら、ブレイクする日は近いはずです。

この法則を知らないから、ゴール目前まで来て努力するのを止めてしまうというもったいないことをしてしまうのです。

真面目な努力は絶対に報われます。

ダメな過去は武器である

私自身の低迷期について、お話ししましょう。

サラリーマン時代、いちばん年収がよかったのは、固定給プラスインセンティブの給料体系だったX社時代です。当時、一千万円だった年収が、コンサルタント会社のY社に転職して四割も落ち込みました。

なぜ年収が下がるのがわかっていて、私があえて転職したと思いますか。

それは私がそのY社の社長のような成功パターンを歩んでみたいと思ったからです。

だから、その会社にいた三年半、努力だけは真面目に続けていたのです。

そのおかげで、独立後一年半で年収九倍という成功に恵まれたのだと思っています。

私がこの低迷期を頑張り抜くことができたのは、成功者の本をたくさん読み、成功者は不遇の時代のマイナスが大きければ大きいほど大きな成功をするということを学んでいたからです。

私の最初の師、ブラジルのＩ氏は「逆境はチャンスだ」といっていました。

成功する前に、マイナスに振れていた時間が長ければ長いほど、深ければ深いほど、プラスに転じたときは光り輝くと、彼は教えてくれたのです。

その言葉は、ブラジルに渡ってから異国で成功するまでの間に、Ｉ氏が経験した苦労を如実に物語っていました。

このことを教えてもらったとき、私はブラジルに留学するまでの自分の二十年間を、初めて受け入れることができました。

二十歳までの私の人生は、何をやってもダメでした。勉強もダメ、スポーツもダメ、音楽もダメ、女の子にもモテないし、本当にダメダメづくしのセルフイメージ最低の状態でした。**でも、そんなダメな二十年間でよかったと思えたのです。**

それはマイナスが大きければ大きいほど大きな成功を得られると知ったからです。

ダメな過去をもっていることが「チャンス」だと心から思えた瞬間でした。

ですから、今まで何をやってもうまくいかず、セルフイメージが低いという人は喜んでください。

あなたは大きく飛躍するチャンスをすでに手にしているのです。

うまくいっていないことやダメな過去。それこそが武器になるのです。

神様は越えられない試練を与えない

今、振り返って、いちばん辛かったのは独立してからの七か月間でした。

この時期は本当に八方ふさがりでした。

三つのキャッシュポイントもつくって、独立の準備はしっかりやっていたはずなのですが、絶対に当たると信じていた人材紹介業は立ち行かないし、コンサルタントを引き受けた会社は蓋《ふた》を開けてみたら三千四百万円もの借金がある。ソフト販売も、じつは組んだパートナーが、私を社員として使いたかったらしく、事業展開をするための条件を出してくれない。そんなこんなで三つとも見通しが立たなかったのです。

苦しかった。

苦しかったけど、そのときの私にはすでにマイナスが起こったらそれをチャンスととらえるプログラムが体の中に刻み込まれていたので、「あと少しだ！」と信じて頑張れました。この逆境を乗り越えられたから、今の加速した成功があるのだと思っています。

それでも生活が苦しかったのは事実です。これはつい最近、妻に聞いてびっくりした話ですが、当時、妊娠後期に入っていた彼女はコンビニで三百八十円の寿司パックを食べたいと思いながら買えなかったそうです。多少の貯蓄はあったのですが、出産を控えた彼女は、先のことを考えるとその三百八十円を出すことができなかったそうです。

お金がないからとあきらめた彼女は、家で冷えた残りごはんをレンジで温めて食べたといっていました。

その話を聞いて記憶をたどってみたのですが、たしかに当時のうちの夕食のおかずは、かなり質素なものでした。そのなかでいろいろと工夫して、おいしい料理をつくってくれていたのですから、妻には感謝の気持ちでいっぱいです。

そんな苦しいなかでも、会社の借金は毎月五百万円ずつ返済していました。ようやくゼロになって、来月からプラスに転換できるというそのときです。またしても神様は試練を与えてくれました。

会社が取り込みサギにあってしまったのです。

さすがの私も目眩《めまい》がしました。

来たなと思いました。

それが独立六か月目のことです。

金額は四百万円でしたから、あと一、二か月頑張れば何とかなる数字ではありましたが、苦しいなか、リストラも敢行し、借金がやっとゼロになったというときだったので、精神的なショックが大きかったのです。

会社がサギにあったとわかったのは、暮れの十二月三十一日でした。家で恒例の格闘技番組を見ていたのですが、内容なんてほとんど覚えていません。妻のおなかはかなり大きくなっていて、三か月後には子供が生まれてくる。それなのに会社は回るのか、給料を払っていけるのか、いろいろなことが頭をめぐり、気が気ではありませんでした。

でも、そのとき気づいたのです。これが「夜明け前の暗さ」だと。

「真面目に努力している」

そのとき私は自信をもってそういえました。だから、この立て続けに襲ってくるマイナスが「夜明け前の暗さ」だと信じられたのです。

精神的に立ち直った私は、このサギを教訓として、それ以後は契約書を人まかせにせず、自分と弁護士できちんとチェックを入れるようシステムを組み直しました。おかげでそれ以降、二度とサギにはあっていません。

余談ですが、サギ業者はその後も何十回とうちの会社に来ています。ああいうのは業界に「サギにあったリスト」というのが出回るらしく、一度だまされると何度も似たようなサギ業者がやってきてカモにするのです。失敗から学び、システムの改善をしていたから、うちの会社は生き残れたといっていいでしょう。

夜明け前。成功が目前に来ているそのとき、まるで神様が卒業試験を行っているかのように次々と試練がやってきます。

そんなときは試練を嘆くのではなく、「やった！　ついに最終試験まで来たぞ」と受け取ってください。

越えられない試練を神様は与えない。私はそう信じています。

第7章

近道を見つけることに全力を注げ！

近道を探す人ほど短期間で成功する

短期間で成功する人というのは、決められたコースを捨て、「近道」を探す人です。

私が最初に転職したベンチャー企業のX社に、この「近道」を通って加速成功した人物が二人いました。

一人は私と同じ年のN君、もう一人は私の部下のH君です。

N君と私は年齢は同じでしたが、彼はX社に新卒で入社し、私は証券会社に一年いてから転職しましたので、実質的には彼のほうが一年先輩でした。

彼も私もある程度まで出世したのですが、営業所長というポストまできて、ポスト詰まりという状態になっていました。そのとき、彼は決められたコースを捨てて、見事に「近道」を見つけて、わずか二年で部下五百人を抱える企業の取締役まで駆け上っていったのです。

N君はのちに二十代でグループ会社の社長にもなりました。今では誰でも知っている、インターネット商材をレンタルするアイデアをシステム化したのです。

彼が優れていたのは、このアイデアを直接X社の社長にプレゼンテーションしたことです。

低コストのインターネット商材をつくり、先陣を切って市場開拓すれば、中小企業の市場を押さえられるので、ホームページの作成はもちろん、同時にビジネスフォンやコピー機の販売もできる。これを当社が展開すれば、大手にも勝てる、と彼は大規模な事業プランをつくりました。

社長はこのプレゼンを聞き、彼に部下を二人つけ、そのプロジェクトの責任者に任命しました。それによって彼は二年で会社の売り上げを四倍に伸ばして取締役になり、グループ会社の社長にまでなったのです。そのときN君はまだ二十代です。

もう一人のH君は、私の部下でしたが、年齢は私よりも上でした。営業がうまく、X社に入ってすぐにトップセールスを出しました。

でも、彼はすぐに会社をやめてしまいました。

やめてどうしたのかというと、X社のノウハウをそのまま応用して同じような会社を立ち上げ、大成功したのです。彼の資産は、三十代前半で百億円です。

この二人のライバルの成功を見て、「おれはいったい何をやっているんだろう」と私は思いました。

彼らが成功を収めていたとき、私はまだ、中小企業の課長職でした。

そして、気がついたのです。

「近道」だと。

彼らは決められたコースを捨てて近道を見つけたから成功し、私は決められたコースの中で成功しようと思っていたからうまくいかなかったのだ、とやっと気づいたのです。

N君は自分が考えた事業プランに大きな自信をもっていました。

しかし、このアイデアを実行に移すには、多額の初期投資が必要となります。

そこで彼は、トップアプローチをかけたのです。

当時のX社は通信機器の販売会社からITベンチャー企業への転身を考えていましたが、いいアイデアがない、そんなときに彼が社長にこのアイデアをもちかけたのです。

彼が四人もいた上のポストを飛び越して直接社長にプレゼンをかけたのは、ITベンチャー企業に転身したいというトップのニーズを知っていたからだと思います。

でも、当時同じ場所にいたのに私は、トップのニーズには焦点を合わせていませんでした。自分の組織を大きくして、決まったコースの中で出世することしか考えていなかったのです。

視点とアイデアの差でした。

そして彼には、得た情報をビジネスに変える行動力もありました。

私がY社をやめ、すべてをリセットして、決められたコースを捨てる決心をしたのは、この二人の姿から「近道」の重要性を学んだからです。

近道というのは、新しいものを創造して、古いものを破壊していくことなのです。

他人の力を使いなさい

近道はどうやって探せばいいのか。

突きつめてしまうと、それはその人の直観と感性です。

でも、その直観と感性を引き出すために絶対に必要なことがあります。それは自分の無限の可能性を信じることです。

アメリカが月に行ったのは、月に行けると信じたところからスタートしているということです。

「絶対に近道はある」

そう信じて探すから、近道は見つかるのです。

もう一つ、成功者の考え方の共通点に「他人と自分の成功は一体であると知っている」ということがあります。

成功者は他人を成功させながら、自分が成功するスキルをもっているのです。

大きな成功を収める人は、必ず他人の力を使っています。

この二つのことは、一見するとまったく別のことをいっているようですが、じつは根っこは同じです。なぜなら、近道というのは、N君の例を見てもわかるように、「相手のニーズを満たすところ」に存在しているからです。

究極のビジネス力というのは、相手の問題を解決してニーズを満たす力です。この力こそが、いちばん行きたい世界に最短で連れていってくれます。

では、相手のニーズを満たすためには何が必要なのか？

答えは、相手の立場に立つことです。

相手は何を目標にしていて、それに対して自分は何ができるのか。

まず先に相手のことを考え、自分が役立てることを提案するなかで、自分が欲しいものがあればそれを相手に伝えるのです。

相手の問題を自分が解決してあげているから、そこでタッグが組めるのです。

他人とタッグを組んで、おたがいにとって利益のある関係をつくり上げるというのは、そういうことなのです。

短期間で成功していく人、加速成功していく人は例外なく、自分にはない他人の能力を自分の力として活用できる人です。

でもそれは同時に、自分の能力をそれがない人のために使ってあげられる人でもあるのです。

私がX社で、一か月で二千台の携帯電話を売り上げたときもこの法則を使っています。

私がタッグを組んだ相手は、保険のセールスレディーです。

彼女らは、それぞれ自分のお客様をもっていて、定期的にセールスに回っています。そのときにあいさつ代わりにアメなどちょっとしたものを配ります。

そのことを情報として知っていた私は、セールスレディーたちに「携帯電話を提供しますから、お客様へのおみやげに配りませんか？」と提案しました。

当時はまだ携帯電話が普及しはじめたころですから、珍しさも手伝って、お客様との話も弾みます。お客様のほうもただで携帯電話が手に入るのですから、喜んで契約してくれました。

私は携帯電話を渡すだけで、セールスに歩かずにすみますし、彼女らは、お客様に喜んでもらえたうえ、住所や誕生日などの個人データが手に入りますから、この個人データをもとに誕生日の前にセールスがかけられるというわけです。

誰も損をしていません。

保険のセールスレディーたちもハッピー、私もハッピー、お客様だってハッピーなのです。

私はコピー機も同じルートで販売しました。

携帯電話ですでに仲よくなっていた彼女らと、今度は一緒に彼女たちのテリトリーを回りました。

優秀なセールスレディーは一人がだいたい十社から百社ぐらいの社長をお客様にもっています。私はそんな保険のセールスレディーたち百人ぐらいと仲よくなっていたので、単純計算するとそれだけで数千社のお客様を紹介してもらえることになります。

私は彼女たちについていって何をするかというと、「コピー機を安くしますから、安くなった分で保険に入ってください」と保険のセールスをするのです。

相手の社長は、なんでコピー機の営業マンが保険のセールスレディーと一緒に来て、しかも保険のセールスをしていくんだと、興味をもってくれます。そこで二人で「漫才やります」とかおもしろいことをいって笑いを取って、成果も上げていくのです。

タッグを組む相手を勝たせることを一番に考える。自分のことよりも、どうしたら相手が喜ぶか、そのことを真剣に考えるのです。

ロバート・キヨサキ氏の『金持ち父さん　貧乏父さん』に出ていた比喩《ひゆ》ですが、薪《まき》を一人でたくさん抱えて「おれを暖めろ」と暖炉にいっても暖かくなれません。暖まりたいなら、暖炉に自分がもっている薪をくべることです。

より多くの薪を暖炉にくべた人が、より暖かくなれるのです。

ビジネスの世界も同じです。

加速成功で大切なのは「与える力」なのです。

貢献は必ず報酬となって返ってくる

相手のことを先に考える。

人に貢献することが、結果的に自分の幸せにつながる。

これは本当ですが、「貢献」という言葉をどのようにとらえているかによって結果が変わってくるので、ちょっとだけ注意が必要です。

あなたは貢献という言葉に自己犠牲的なニュアンスを感じていませんか?

もし、感じていれば要注意です。

貢献は決して自己犠牲などではありません。

貢献とは、自分が相手のために犠牲になることではなく、自分がワクワクして、楽しくて、喜びながらすることが相手のためにもなる、ということです。

ですから貢献とは「報酬」ととらえるべきものなのです。

この場合の報酬というのは、お金とはかぎりません。

自分の満足感や自分の得たい結果、それが報酬です。

まわりと自分の関係を、このように見ることができるようになると、世の中にはビジネスチャンスがいくらでもあることがわかります。

なぜならビジネスチャンスとは、他人の問題を解決してあげることだからです。

不況になればなるほど問題を抱えている人は多くなります。

つまり、不況になればなるほどビジネスチャンスは多くなり、結果としてお金もたくさん稼げるということです。

ビジネスの基本は人に貢献することです。加えて、他人の問題を解決して、相手の成功に貢献する人には、ビジネスチャンスがどんどんやってくるようになります。これまで述べてきた成功するために必要なスキルも、いうなれば、すべて人のニーズを満たすためのものなのです。

人に貢献しながら、何らかのかたちで自分にプラスになって返ってくるものを同時に考える。

これが加速成功の秘訣《ひけつ》です。

幸せと成功のバランスのとり方

成功を目指しはじめた当初、私の考える成功者とはお金持ちのことでした。

でも今は、お金が成功のすべてだとは考えていません。

私が考える成功とは、その人が心から望む人生を生きることです。

ですから本当の意味での成功者は、幸せなはずです。ところが、中途半端に成功した人の中には、お金は手に入れたけれど幸せな人生を送っていないという人がけっこういるのです。

私は犬を飼っており、かかりつけの獣医さんがいるのですが、その人もそんな成功と幸せのバランスを崩してしまっていた一人でした。

その獣医さんは女性で、とても優秀な人です。

彼女のバランスを崩していたのは、強すぎる使命感でした。

あまりにも使命感が強すぎて、普段はもちろん、お正月でも休みをまったく取らないのです。

自分の携帯電話の番号まで患者に教え、二十四時間対応できるようにしているのですから、倒れないのが不思議なくらいです。

うちの犬が体調を崩し、お正月の休みにその病院を訪れたときの彼女は、明らかに疲労がたまっていました。

私が「少し休まれたほうがいいんじゃないですか」といっても、「でも、患者さんに期待されていますから」と彼女は答えるのです。

ちょっとお節介かな、と思ったのですが、私は彼女と少し話をしました。それは彼女の中で価値観が整理されていないような気がしたからです。

話をしてみると、自分ができる最善の治療をしたいという気持ちと同時に、彼女の中には三十五歳ぐらいまでには結婚したいという願望があることがわかりました。

私が感じたとおり、彼女は相反する価値観を整理できないままもちつづけ、その間でつぶされそうになっていたのです。

私は、人間が幸せに生きるには二十四時間の中で三つの輪をもつことが必要だという話をしました。

三つの輪。

それは「仕事」と「家庭」と「個人」という三つの輪です。

「仕事」と「家庭」の両立の大切さはよくいわれることですが、それだけでは真の意味での成功者になることはむずかしいと私は考えています。「仕事」と「家庭」から離れた「個人」の時間を確保することが、加速成功していくうえでも、また成功と幸せのバランスをとるうえでも、決定的に大切なのです。

この三つの輪のどれが欠けても人は幸せになれません。バランスよく三つともをもつことが幸せになるためには必要なのです。

でもそのときの彼女には、仕事の輪しかありませんでした。個人のための時間も、家族と過ごす時間もなく、二十四時間すべてを仕事のために費やしていたのです。

「このままでは､苦しくなって最後はその仕事の輪さえもつぶれて消滅してしまいますよ」

私の言葉に彼女は力なくうなずきました。

東京大学を出て開業。獣医として優秀な彼女は、スタッフを何人も雇い、仕事自体はとても順調です。しかし、開業六年目に入り、肉体的にも精神的にも消耗し、限界が近づいていたのです。

そんな彼女に私が提案したのは、東大の後輩を集め、フォーメーションを組んで、彼女の労働時間を三分の二に減らすことでした。

「この方法を採用すると、あなたの儲《もう》けはたしかに減ります。でも、そんなことに興味はないんでしょ？」

「お金のことはいいんです」と彼女もいいました。

「こうしたことを構築していくことがシステム化なんですよ」という私の言葉に、今度は力強くうなずいてくれました。

目先の忙しさに追われ、彼女には何も考えるゆとりがなかったのです。

私は最後にこうつけ加えました。

「たしかに自分の犬は先生に診てもらいたいです。でも、先生が診てくれて三年後にいなくなってしまうくらいなら、基本的に三分の二を先生が診てくれて、残りを先生が信頼するパートナーに診てもらうという状態がずっと続くほうが私はいいです。たぶん、先生の患者さんはみんな、私と同じことをいうと思いますよ」

にっこり笑って「ありがとう」と彼女はいいました。

人が幸せに生きるための三つのバランス。

「仕事」「家庭」「個人」、この中のどれか一つが特別に大切なわけではなく、三つとも同じくらい大切で、優先順位はつかないと私は考えています。

たしかに人生のある時期、とくに男性は、家庭より仕事を優先しなければならないときもあるでしょう。逆に家族が病気になったときなどは、仕事よりも家庭を優先すべきです。

つねに三つの輪が同じ大きさである必要はありません。

大切なのはバランスをどのようにとっていくかです。

バランスはつねに動いています。

私自身もバランスが大切といいながら、バランスを崩すことはあります。

でも、バランスが大切だということを知っているから、崩れたなと思ったときには、立て直すことができるのです。

また、今何がもっとも必要なのかということを判断して、あえてバランスを崩し、一か所に力を集中させるということもときには必要でしょう。

人生全体を通してバランスがとれるよう、そのときどきに応じてエネルギーの配分を変えていくことが大切なのです。

人生を俯瞰した「七つの目標設定」

この三つの輪のバランスをとる考え方は、すべてのことに応用できます。目標設定のところで「三つの観覧車」を用いるという話をしましたが、じつはこれも三つの輪の応用です。

時間軸の中で、「短期」「中期」「長期」という三つの目標を設定し、同時に取り組んでいく。ただ、その中でのパワー配分は、いちばん小さな観覧車に八〇%の力を注ぎ、残りの二〇%で中ぐらいの観覧車と大きな観覧車を回すための努力をするということです。大きな視野で物事を見ながら、目の前の優先事項に集中する。これが加速成功の秘訣の一つというわけです。

たとえば、年収を増やすということにしても、問題は年収を目標額にもっていくことだけではないはずです。その年収をどうやって維持するのかということも大切です。

野球選手は年俸制で、一流プレーヤーになれば何億円もの収入を得ることができます。年俸一億円と聞くと、「いいなあ」と思いませんか？

しかし、実際には彼らの年俸の半分近くは税金でもっていかれてしまいます。しかも、彼らが一億円をもらえる期間は、現役でそれなりの成績が維持できている間だけです。それは選手生命の長い選手でもせいぜい十年くらいでしょう。

そう考えると単純計算でも（一億÷二）×十年で、五億円です。年間所得二千万円で三十年働いたほうが、結果的には上回ってしまうのです。

あなたが三十代であれば、今さらプロスポーツ選手になって何億円も稼ぐのはむずかしいでしょう。でも、今から五年頑張れば、何の特技のない人でも年収を三倍にして、その後何十年とその収入を維持しつづけることも可能なのです。

そういう意味でも、私は加速成功を目指す人に、目標設定をするときに、仕事だけではなく、人生を俯瞰《ふかん》した「七つの目標設定」をすることを提唱しています。

この七つの目標設定の基本となっているのは、ポール・J・マイヤーの理論です。

ポール・J・マイヤーは、ＳＭＩという成功プログラムの創設者として知られる世界的に有名な成功者です。

彼が提唱しているのは六つの目標設定をするということです。

その六つとは**「仕事」「家庭」「健康」「趣味」「ファイナンス（蓄財）」「能力開発」**です。

私はこれにもう一つ、「**社会貢献**」という項目を加え「**七つの目標設定**」としています。

成功哲学が好きで追究していく人というのは、私もそうなのですが、どうしても仕事面ばかりを追究してしまう傾向があります。ですから、自分の人生をトータルで成功させるために、家庭や個人、健康といったつい後回しにしてしまいがちな目標を明確にしておく必要があるのです。

この表をつくる作業は、あなたの「人生の地図」をつくる作業です。

たとえば、家庭の欄にしても、そのとき子供がいるかいないかで費やす時間は変わってきます。子供の年齢によっても違います。

仕事も力を入れるべき時期もあれば、何年かセーブしてもいいと思える時期もあるでしょう。

そうしたことをほかの項目との関係を踏まえて、短期・中期・長期のそれぞれに適切な目標設定していくことが、人生の地図をつくるということです。

バランスのとれた人生を実現できてこそ、成功が幸せにつながると思います。

トータルなバランスが、トータルな成功と幸せをもたらすのです。

また、この表をつくると、短期間で成功することの大切さがわかります。

短期間で成功するから、その後の人生をより長く謳歌《おうか》することができるのだし、より多くの社会貢献もできるのです。また、家族とより多くの時間を過ごすこともできます。

ですから高速で成功し、短期間で上に行く「加速成功」というのは、幸せを得るためにとても重要なスキルだと私は思うのです。

いいとこどりのタイムマネジメント十七の戦略

自分の人生に限界があるとすれば、それは「時間」です。

一日二十四時間という時間だけは、どれほど能力のある人でも増やすことはできません。

時間管理には戦略が必要です。

ただやみくもに頑張っても、時間は絶対に足りなくなります。

では、どうすればいいのか？

もともと私は世界ナンバーワンのタイムマネジメント会社の日本の代理店の一つで、そのタイムマネジメントシステムの販売をしていました。仕事柄もあって、ハイラム・スミスやロバート・アレンのようなカリスマ成功者の時間管理法をずいぶんと勉強してきました。おかげで、それらを自分なりに組み合わせて、「十七の戦略」にまとめることができました。

別名、「いいとこどりのタイムマネジメント」といいます。

ちょっと長くなりますが、それぞれかんたんに触れておきます。

【いいとこどりのタイムマネジメント十七の戦略】

1　重要な少数に集中する

これは、自分の能力でいえば、有能の輪を磨くことに集中し、無能の輪にあまり労力を費やさないということです。また、ビジネスの面でいえば、収益の上がる二〇%の仕事に八〇%のエネルギーを注ぐということでもあります。この「二〇対八〇の法則」を意識的に使うことです。

2　物事を先延ばしにする（いい加減さは力である）

私はこの方法をフランスの英雄、ナポレオンから学びました。彼は大変忙しく、毎日のようにたくさんの手紙を受け取っていました。しかし、彼がそれに目を通すのは一か月に一度だけ。そのときにすでに期日が過ぎてしまったものはあきらめるという方法をとっていたのです。

彼に倣《なら》い、私はメールも携帯もずいぶんとあとになってから返事をするようにしています。とくに携帯はこちらの都合に関係なくかかってきます。そのたびに対応していたら、貴重な時間をどんどん他人に奪われてしまいます。メールのチェックは週に三回と決め、返事は六時間以内にまとめて時間をとって行います。最初は「遅い」といわれましたが、今ではルール化してしまっているので、まわりも「道幸《どうこう》君の返事は遅いし、来ないこともある」と納得してくれています。

3　自分の努力にご褒美《ほうび》を与える

自分の努力に対してインセンティブ（報奨）を与えるということです。細かい目標を設定し、達成するたびに自分にご褒美を与える。よく使われる手ですが、モチベーションを保つには大切なことです。私の場合は旅行です。年に六回を目標にしています。

4　イヤなことから先にする

誰でもイヤなこと、嫌いなことは後回しにしてしまう傾向があります。しかし「やらなければいけない」というプレッシャーをもって長い時間過ごすのはストレスにつながります。

私はセールスマン時代、テレアポが苦手だったのですが、イヤなことだからこそ、毎日午前中の十時から二時間はテレアポをすると決めて集中的にやっていました。ポイントは、目標量と時間を決めて集中してやることです。

5　毎日プランニングの時間をもつ（場所の力を使う）

毎朝十五分間、私は家の近くのコーヒーショップへ一人で行き、その日一日のプランニングをしています。その場所はその目的以外では絶対に使わないので、そこに行くだけでスイッチが入り、頭が自動的にプランニング・モードになります。

このように、場所と時間を決めて毎日プランニングをすると、仕事の効率は格段にアップします。

6　頭と体を動かす

体に関しては私自身も、まだ完璧にはできていませんが、定期的に運動する習慣をもつことが大切です。私の場合、習慣をつけるため、スポーツトレーナーにマンツーマンで週に二、三回、サポートしてもらうことにしています。

また、頭を動かすために、本を読んだり、講演のＣＤやテープを聴く習慣をもつことも重要です。それに加えて私は専門のプロコーチを雇って、コーチングを受けています。自分一人では見えてこない問題が明確化できるからで、これはサラリーマンのころから続けていることです。また、定期的にセラピストの先生に相談に乗ってもらっています。

7　同時処理能力を身につける

私はこれを「活動の重ね着」と呼んでいます。つまり、かんたんにいえば何かをしている時間にほかのこともする習慣を身につけるということです。たとえば電車で移動する時間にテープを聴くとか、食事をしながらかんたんな打ち合わせをすませるというようなことです。

8　複数の収入源をつくり、具体的にそれぞれについて目標設定する

これはすでに述べた三つ以上のキャッシュポイントをつくるということです。

9　自分との約束を優先する

今夜は早く家に帰って勉強しようと思っていたのに、上司に誘われてつい飲みに行ってしまった、そんな経験はありませんか？　これは自分との先約より上司の誘いを優先したということにほかなりません。

朝、一日のプランを決めたらよほどのことがないかぎりそれを優先する。上司の誘いは

「すみません。今日は大切な先約がありまして、明日ではいかがですか」といえば、相手の機嫌を損ねる心配もないでしょう。この人は当日アポは受けない、まわりの人にそう思ってもらえるようになれば、自分のペースで時間を管理できるようになります。

10　一日三十分、反省する時間をもつ

ノートなどにその日の反省やアイデアを書くことは、とても大切です。巨人軍の清原選手は学生時代から、毎日必ずノートをつけているといいます。お酒を飲んで酔って帰っても、その習慣だけは続けているそうです。そこにはどうして今日打てなかったのか、彼自身の反省が書かれています。反省することによって毎日〇・五％の成長を図れるとしたら、一年間では飛躍的な成長を遂げていることになります。だから彼はトップでいられるのです。

11　時間をお金に換算する（時間イコールお金である）

あなたは現在の自分の時給をすぐにいえますか？　いえない人は計算してみてください。そのうえで、自分が希望する年収を満たすには、時給をいくらにアップさせればいいのか。さらになぜ今はその金額なのか考えてみてください。自分の時給を目標設定すれば、その間を埋める方法が見えてきます。

12　バランスを大切にする（使命感に取りつかれない）

これは先ほど述べた三つのバランスです。「個人」「家庭」「仕事」、この三つを意識していくことで、トータルな成功を目指すことができます。よく使命感に取りつかれてしまい、「仕事」オンリーの人がいますが、要注意です。

13　毎日チャレンジする

小さな目標でいいから、毎日「今日はこれをする」と決め、毎日達成感を味わうことです。

14　委任する

自分のしていることを何か他人に委任すると、その分だけ時間が生まれます。たとえば、食事を外食ですませている人は多いと思いますが、これも一つの委任です。週末起業などでは、時間のかかる経理事務などの作業を外部に委任することも賢い時間の使い方といえるでしょう。

もちろん、それなりの対価を支払うことは必要ですが、時間を買うというぐらいの気持ちで委任を心がけてください。

15　システム化・ルール化する

ルール化は時間の無駄を省くため、システム化は委任のために必要です。私は現在、週に一回しか出社していません。でも、これが今はルールになっているので、社員はこのルールに合わせて仕事を組むようになり、出社中の私の時間は無駄がなくなりました。また、システム化というのは、マニュアルをつくるということでもあります。マニュアルがあれば、人にその仕事を委任することができます。マニュアルは紙一枚でも偉大なパワーをもつのです。

16　長期の夢のために一日一時間以上具体的な行動をする時間をもつ

三つの観覧車のうち、いちばん大きなもの、この「夢」はすぐにかなうものではありません。たしかに日々の行動の八〇％のエネルギーは小さな観覧車に注ぐ必要があります。しかし、それだけでは大きな観覧車は回りません。一日一時間、どれほど忙しくても、自分の有能の輪に磨きをかけ、「夢」を実現させるための努力を続けることで成功は加速されます。

17　九十日ごとに、「プランニングの日」をもつ

「計画のために投資された時間は、もっとも大きな配当をもたらす投資である」。これはブライアン・トレーシーの言葉です。九十日というのは三か月です。短期の目標がちょう

ど三か月ですから、立てた目標は達成されたか、できなかったらその理由を分析して、次の目標設定に活かす。これによって目標達成へのルートが軌道修正され、加速していきます。この際、大事なのは、その日一日をすべてプランニングにあてるということです。できれば休みを取って、一人静かな環境で、じっくりとプランニングにふけってください。

十七項目、少し多いと感じられるかもしれませんが、これらはすべてリンクし合っているので、実際にやってみると、意外と短時間でできることがわかっていただけるはずです。とくにむずかしいものもないでしょう。

かけがえのない貴重な時間を有効に使うこと。それが加速成功へのカギです。

いくつものアイデンティティをもちなさい

加速して成功していくとき、その人の環境はめまぐるしく変わります。

そのとき、自分のアイデンティティをしっかりもっていないと、まわりに流されてしまいます。自分はどういう人間なのか、そのことを明確に意識するために、私はこんな方法を用いています。

私は今、一つの箱をもっています。

箱の中は八つに区切られており、その一つ一つに「私」が入っています。

今から二年半前、私は独立したときにこの箱に次の八つの「私」を入れました。

1　成功したベンチャー企業の会長
2　ミリオネア
3　ベストセラー作家
4　愛妻家であり、子供のことを大切にしている父親
5　無限のエネルギーの健康体をもったエネルギッシュな人間
6　ボランティア団体のトップ
7　カリスマセミナー講師
8　スーパー天才コンサルタント

お気づきかもしれませんが、これは二年半前の自分の姿ではありません。独立前は小さなコンサルティング会社の課長職でした。

そこで、自分のセルフイメージを高めることができるよう、「肯定的な」自分像を入れてみたのです。

私はこれを「アイデンティティを入れる八つの箱」と名づけました。

さて、それから二年半たった今、どうでしょうか?

本を書くのは本書が第一作目ですから、「ベストセラー作家」という自分像はまだ実現していませんが、そのほかはほとんどクリアできたと自負しています。

じつをいうと、これらがこれほど早く実現するとは自分でも思っていなかったのです。

この箱の中に八つもの「私」を入れたのには理由がありました。

それは、ある種の保険だったのです。

たとえば、自分のアイデンティティとして「成功したベンチャー企業の会長」というものしかもっていなかったらどうでしょう。会社がつぶれてしまったら、私はアイデンティティのすべてを失ってしまうことになります。

それは怖いと思って、無理やり八つつくって入れたのです。

八つもあれば、その中の三つぐらい実現できなくても、残りのアイデンティティで自分を保つことができる。そう考えたからです。

たとえば会社がつぶれて、財産を失ったら、「ベンチャー企業の会長」と「ミリオネア」という自分は失います。それでも「ベストセラー作家」というアイデンティティが残っていれば、この倒産という出来事を題材に「億万長者が倒産から学んだこと」というテーマで本を書こうと思えるのです。

そう思って保険のつもりで八つにしたのですが、実際には自分の目指す方向性がより明確になり、成功がさらに加速されたのです。

なぜ陰徳を積むことが重要なのか

最後に、加速成功を目指す人にどうしても知っておいていただきたいことを一つ、つけ加えておきます。

これは成功するためというよりも、加速成功の世界から足を踏みはずさないためのものです。

前章で、過去のマイナスが大きければ大きいほど、好転したときに大きな成功を手にすることができると書きました。

この「振り子の法則」は、じつは、成功してからも当てはまるのです。

つまり、**成功が大きければ大きいほど、暗転したときにはまっさかさまに落ちてしまうということです。**

これを「ダークサイドに落ちる」といういい方をする人がいます。

でも、この振り子を止める方法が一つだけあります。

それは「自分が得たものをまわりと分かち合うこと」です。

最初にこのことを教えてくれたのは、ブラジルの恩師I氏でした。

彼は「豊かさをもちなさい」という言葉を使っていました。

彼は、ブラジルで両親のいない子供たちの面倒を見る施設をもっていました。しかもそのことは、仕事仲間はもちろん、日本の友人にさえ黙っていたのです。私には教えてくれたのですが、日本に帰っても知り合いにいわないようにと口止めされました。

彼はこれを「自分のためにやっている」とはっきりいいました。

周囲の人に貢献するのは、自分が徳を積み、ダークサイドに落ちないためにやっているというのです。そしてこれは陰徳を積んでいるのだから、人にいってはいけないというのです。

よく、成功哲学の本を読むと、「儲けの一〇%を寄付しなさい」と書いてあります。でも、高額所得者の中で、本当に自分の年収の一〇%を寄付している人はどれだけいるでしょうか?

私もI氏が実際にやっているのを見ていなければ、「きれいごと」ですませていたかもしれません。もしくは、もっとお金がたくさん手に入ったらやろうと思いながら、なかなか実行しなかったかもしれません。

じつは、私もずっと誰にもいわなかったのですが、初任給十七万八千円のときから、タイの子供たちを小学校に行かせるための援助をしてきました。

もしかしたら、このことも私の加速成功を助けてくれているのかもしれません。

大成功を収めた経営者が、何百億円もの資産を築いた後に、急に倒産してしまうことがあります。

人間は高いところまで登ると、悪い意味でのエゴが出てきます。そのとき、自分の「エゴ」をコントロールし、バランスをとる手伝いをしてくれるのが、徳を積む習慣なのだと思います。

成功を目指す人は、このことを心に留めておいてください。

世の中にはいろいろなタイプの成功者がいます。

大きな成功を成し遂げた人のすべてが、本を読んで成功哲学を学んでいるわけではありません。本で学んだことを実地に応用して成功したというよりは、どちらかといえば、現実の世界の中でさまざまな問題に出くわし、日々格闘しながら、独自の成功哲学を切り開いていったというほうが近いでしょう。そう、彼らはある種の「天才」といっていいと思います。

でも、自分は凡人だからといってあきらめる必要はどこにもありません。

成功哲学を学び、実践しつづければ、誰だって自分の思い描く未来を手にすることができるからです。

その証拠が私です。

私は凡人です。

ごく普通の大学を卒業して、とくに目立った特技も才能もない、平凡な人間でした。

そんな私が三十一歳という若さで成功できたのは、いかにして「加速成功」するかにピントを合わせてきたからです。

さて、今度は誰の番か……。

その答えは、いうまでもありませんね。

エピローグ

十年あれば偉大な仕事ができる

いかがでしたか。

短期間での成功を目指す「加速成功」の世界への道順はおわかりいただけましたか？

「加速成功」の秘訣《ひけつ》とは何かと聞かれたら、私はこう答えます。

それは、成功者の考え方を素直に受け入れて実行することだと。

あなたの成功を加速させるのは、あなた自身の考え方です。

日本でも大ヒットしたハリウッド映画「マトリックス」を見たことがありますか？

あの映画の中に、モーフィアスが主人公のネオに、「マトリックス」の世界の中で戦う武道技術を教えるシーンがあります。

そのときモーフィアスはネオにこう語っています。

「自分がその技術をマスターできていると知りなさい」

この台詞《せりふ》はじつに深い真理を教えています。

すべてはあなたの「外側」にあるのではなく、あなたの「内側」にあるのです。

ネオはそのことに気づいたから、同じ武道ソフトを使ってトレーニングした誰よりも強い力を発揮できるようになるのです。

鍵を握っているのは、イメージ力とその確信力です。

彼の確信力の強さが、救世主ネオの秘密なのです。


私の師匠のK氏は「思考の中に未来がある」といいました。

ナポレオン・ヒルは「思考は現実化する」と教えています。

私流にいえば、**「未来は自分の内側にある」**ということです。

すべて言葉は違いますが、同じことです。

人間は自分が想像したところまでしかいけません。

自分のイメージを超えることはできないのです。

大きなイメージを描いて小さな行動をスタートさせた人が、大きな成功を手に入れることができるのです。

大きな夢を描いて、自分の力を信じてトライしてください。


人間は一年ではたいしたことはできません。

でも、十年あれば偉大なことができるということを多くの人は知りません。


私は大学を卒業してから今年で九年です。

まだ十年たっていないのに、ここまで来ることができました。

あなたも十年あれば偉大なことができるのです。

自分を信じて頑張ってください。

私もまだ、かなえていない大きな夢をもっています。

一緒に頑張っていきましょう。

あなたがこの本をきっかけに、「加速成功」を目指す旅人として、一緒に歩んでくれることを、心から待ち望んでいます。

最後に、二年半前、妊娠中の体にもかかわらず、私に「サラリーマンをやめて、土日休みで、夜は八時に帰ってきて。そして年収は三倍にして」と無謀な提案をしてくれた妻に、心から感謝します。

「智ちゃん、ありがとう」

二〇〇四年六月

道幸武久

加速成功の参考事例に！

私が加速成功できた理由の一つは、社長になることを目指さなかったことです。そして、若いからこそあえて、会長、ＣＥＯ、顧問といった立場に身を置くようにしてきました。加速成功の一つの型として、私の例を参考にしていただければ幸いです。（道幸武久）

★合資会社諸葛孔明　代表　http://www.syokatu.com
道幸自身が代表を務めるコンサルティング会社。三国志に登場する劉備を支える諸葛孔明が社名の由来となっている。1年近く前に創刊したメールマガジン「サラリーマン起業で年収3倍倶楽部」は読者が約3万人いる（刊行時現在）。

★株式会社ユニプロス通信　取締役会長兼CEO　http://www.yunnypros.co.jp
ITコンサルテーション会社。生産性では業界日本一を自負し、道幸の成功哲学を凝縮した起業家（アントレプレナー）育成機関「道幸道場」を開講している。

★フロンタルロウブ株式会社　最高顧問　http://www.frontallobe.jp
ヘルス＆ビューティ市場において化粧品、ヘルスケア、美容健康器の販売・コンサルテーションを行っている。

★株式会社ペリエ　取締役　http://www.perie-net.co.jp
営業コンサルティング会社代表の和田裕美さんの書籍はなんと10万部の販売を記録。多くの読者に支持されている。2004年7月から新規事業設立のため事業参画スタート。

★インフォプレナーズジャパン株式会社　最高顧問　http://www.infojapan.jp
「情報起業」「インフォプレナー」という世界最先端の起業方法を提唱し、セミナーやコンテンツ販売を企画している。

★作ろう会社どっとこむ（296会社.com）　顧問　http://www.296kaisha.com
起業家のためのポータルサイトを運営。「誰も教えてくれない起業・独立の極意」小冊子や「サラリーマン起業で年収3倍倶楽部」セミナーが大好評。毎回、100名を超える起業家予備軍が集まる大人気セミナーである。

★有限会社ジェームス事務所　顧問　http://www.jamesskinner.com
うわさの外人講師、ジェームス・スキナー氏が経営する会社。「成功の9ステップ」セミナーが大人気。

★株式会社アダミス　顧問　http://www.adamis.co.jp
1,583社のグループ化計画を目指す、環境関連のベンチャー企業。社内版実践型MBAプログラムを道幸とともに開発し、高い生産性をあげている。

★株式会社アイカ　顧問　http://www.aika.ne.jp
健康関連のベンチャー企業。大手高級量販店にも商品展開され、数万台の販売実績をもつ。

★NPO法人アニーこども福祉協会　理事　http://www.aninpo.org
ボランティア活動を通じて、障害をもつ子供たちや児童養護施設の子供たちをサポートするボランティア組織。

★スカイクエストコム　http://www.skyquestcom.com
世界200人の各界トップ講師陣の中で最年少講師として、道幸が登場している。

道幸武久（どうこう・たけひさ）
ミリオネアコンサルタント。合資会社諸葛孔明代表。「サラリーマン起業で年収3倍倶楽部」主宰。
1972年、北海道生まれ。学生時代には交換留学生としてブラジルへ留学。大学卒業後、数社の中小企業サラリーマン経験を経て、マーケティング及び企業の成長戦略に特化したコンサルティング会社を立ち上げる。大小さまざまな企業と関わるなか、ある主要クライアントからオファーを受けて倒産寸前のベンチャー企業の再建を依頼され、取締役として1年半で経常利益率30％の超優良企業に変身させる。人気メルマガ「サラリーマン起業で年収3倍倶楽部」を発行するほか、起業家育成のためのセミナーCDを開発（作ろう会社どっとこむにて販売）。現在は、数社の企業経営とコンサルタント業のかたわら、障害をもつ子供たちのためのNPO法人アニーこども福祉協会の理事を務める。
合資会社諸葛孔明　http://www.syokatu.com

加速成功

2004年 8月10日　初版発行
2004年 8月20日　第2刷発行

著　　者　道幸武久
発 行 人　植木宣隆
発 行 所　株式会社 サンマーク出版
　東京都新宿区高田馬場2－16－11
　（電）03－5272－3166

印　　刷　中央精版印刷株式会社
製　　本　株式会社若林製本工場

ISBN4-7631-9595-6　C0030
ホームページ　http://www.sunmark.co.jp
携帯サイト　http://www.sunmark.jp